解球
你所看到的90分钟

主编 蔡惠强

上海科学技术出版社

图书在版编目（CIP）数据

解球：你所看到的 90 分钟 / 蔡惠强主编 . —上海：上海科学技术出版社，2019.7（2024.8 重印）
ISBN 978-7-5478-4495-3
Ⅰ. ①解… Ⅱ. ①蔡… Ⅲ. ①足球运动 Ⅳ.
① G843
中国版本图书馆 CIP 数据核字（2019）第 122433 号

解球：你所看到的 90 分钟
主编　蔡惠强

上海世纪出版（集团）有限公司
上海科学技术出版社　　出版、发行
（上海市闵行区号景路 159 弄 A 座 9F-10F）
邮政编码 201101　www.sstp.cn
浙江新华印刷技术有限公司印刷
开本 787×1092　1/16　印张 9.5
字数 150 千字
2019 年 7 月第 1 版　2024 年 8 月第 7 次印刷
ISBN 978-7-5478-4495-3/G·908
定价：58.00 元

本书如有缺页、错装或坏损等严重质量问题，
请向承印厂联系调换

蔡惠强

上海上港集团足球俱乐部教练
英国拉夫堡大学体育管理学士
英国帝国理工大学经济策略硕士
ITEC 国际运动理疗师
获英国足总二级足球心理学证书
获英国足总一级足球守门员教练证书
获欧洲足联 A 级足球教练证书

主编的话

出于对足球的热爱，高中毕业之后，我选择了前往英国拉夫堡大学攻读体育管理学位。很幸运，在充满足球气息的环境下，获得了许多从事足球相关行业的机会，诸如：talkSPORT 的国际广播英国超级联赛（以下简称英超）解说；阿森纳足球俱乐部社交媒体部分的实习；加入曼彻斯特城（以下简称曼城）足球俱乐部亚太地区市场部；参与到一些英超梯队的训练中。从 2011-2015 年，对于欧洲足球的了解让我更确定了自己的职业规划和向往的目标。

回国后，又幸运地加入了当时还是"新军"的上海上港集团足球俱乐部，跟随麦斯·戴维森先生一起执教上海上港预备队，并在 2016 年获得了中超预备队联赛冠军。随后在上港俱乐部的时间里，先后担任博阿斯的数据分析师和成耀东指导的全运会冠军梯队的技术分析师，并在 2018 年担任上港 U17 梯队的主教练。与此同时，利用在新英体育解说的机会，让我能继续对欧洲足球的发展跟踪观察。在此，作为一个年轻的教练，真诚地感谢每一位在我探索足球这条道路上给予我帮助，信任我，以及赋予我在不同阶段挑战的人。

其他编者

副主编　周祎明
- 五星体育传媒有限公司编辑、记者
- 上海体育学院体育新闻专业学士
- 先后担任国际、国内多项大型体育赛事的转播编辑。参与上海网球大师杯、F1 中国站、CBA 联赛、中超联赛等重大赛事的外场新闻报道，并在上海男篮主场赛前的赛事包装内创立"赛前之声"探营短片

参编者　谭楷
- 战术分析教练
- 中国 U25 国家队技术分析师

参编者　徐思远
- 比赛分析师，球探
- 英国拉夫堡大学体育科学学士
- 英国足总 Level 2 足球教练

如此魔幻，只因热爱

金相凯

著名英超足球解说员

2019年春节农历初八的下午，蔡惠强给我发来微信："金老师，我尝试写了一本小型的足球战术书，能不能请你帮我写个序？"

典型的小蔡风格——有点害羞，又不失自信，让人感到舒服的距离感。在轻描淡写的背后，却有着无微不至的"周到"。我想，在决定请我写序之后，他兴许是等了些时日才"微信"开口，静静地待到春节假期刚刚结束，正值"万物再兴"之时。而我当时恰在日本度假，正透过咖啡馆的单面可视悬窗欣赏东京的风情，此时有人相托不免有些心不在焉，但想到这是蔡君"周到"而带来的巧合，一丝被打扰的不快随着窗外东京人潮熙攘而去……

蔡惠强是一位我非常欣赏的搭档。认识他是通过刘勇（我合作经年的解说嘉宾），一次阿勇对我说："有位年轻人很不错，要不要合作一下试试看？"印象里，这是他仅有的一次向我推荐人。虽略有狐疑，然而我深知阿勇的个性——他断然不可能在这种事上信口开河。于是便抱着"接触一下也无妨"的心态，应承了下来。于是，蔡惠强成了我从业20多年来，与我合作过的唯一一位比我年轻的解说嘉宾，成了坐在屏幕左侧这一视觉重点位置上的专家人物。

第一场合作下来，我迅速意识到自己作出了正确的决定。这位文文静静、细声细气的年轻人，在足球领域里居然蕴藏着令人惊讶的能量。在专业领域，尤其是技战术方面，他的观点给我提供了一个全新的视角，而这显然是始料未及的收获。

慢慢地，我发现小蔡和我有很多共同点。我们都属于那种除了足球，几乎和这个世界隔绝的"怪人"。换言之，与其说足球是我们生活的一部分，倒不如说，离开了足球，我们怕是很难想象生活该是个什么样子。我们都痴迷于足球阵型的变化和战术的推演，从 4-2-3-1 阵型到 4-3-3 阵型，从平行站位到菱形中场，从起始站位到最终落位，从进攻性防御到防御性进攻，凡此种种，不一而足。每次转播开始前，小蔡都会很专注地和我探讨对阵双方可能的排阵；赛中赛后的预测、复盘更是我俩之间的"常规动作"。这种合作的奇妙之处就在于，彼此都能感受到与对方的共鸣，而这让本已愉悦的工作变得更加令人期待。

然而论对足球的疯魔程度，小蔡的"痴迷入魔"既令我汗颜也令我羡慕——他每年都会去英国参加教练员交流培训，定期还会去相熟的俱乐部自费观摩学习英超一线队教练的训练——这意味着他很可能为此花费大部分工资收入。这份看似有些违背常理的自律，不由令我肃然起敬。

功夫不负有心人，至今犹记得小蔡告诉我接手上港 U17 梯队的那一刻。那天开播前，他微微低头，刻意避免与我眼神接触，以尽可能平静的语调对我说："金老师，我要去带 U17 啦。"然而我却读得出他竭力隐藏的兴奋，便正色对他说："这是你不容错过的机会，你的理想，会由此插上翅膀。"他愣了一下……我很少以这样书面的方式和他讲话，可我知道，唯有这样的郑重其事，才能帮他打消开启一段全新旅程前的疑虑——或多或少。

下一个周末再碰到小蔡，聊天内容顺理成章地增加了上港 U17 队的部分。令我惊讶的是，他就像一直在执教这支球队似的，对每个队员的特点都了如指掌。之后相熟的国内教练和我聊起他，也交口称赞——小蔡那支队，很快成了他们难缠的对手。

写这篇序之前几天，武磊在西班牙人队对阵瓦伦西亚队的西班牙甲级联赛（以下简称西甲）的比赛中迎来首发。他仅仅在场上踢了71分钟，却迅速成为国内媒体报道的焦点、球迷评论的热点。可翻翻国外媒体，却鲜见对此事过多着墨——在千里之外的西班牙，他只是众多西甲球员之一。然而对于新近在亚洲杯梦碎的中国足球，武磊那伤势尚未痊愈的肩膀，却似乎要扛起万千球迷希望之重。

在这项我们为之如此狂热的运动中，时至今日我们的存在仍是如此微不足道。其间巨大的落差，与其说是失落，倒不如说是魔幻。

推开窗，阴冷的空气扑面而来。夜色黑暗而低沉，宛如走不出尽头的迷阵。沉睡的城市，不知何时才等来苏醒的曙光。但只要希望的火苗不熄，终究压抑不住那股萌动的力量。

及至小蔡这本书临近付梓，我有幸接受西班牙职业足球联盟（西甲联盟）的邀请，在西班牙人俱乐部和武磊有了一次面对面的接触。镜头前的武磊，谦虚而不失自信，低调却雄心勃勃。一时间我有些恍惚——仿佛看到了另一个小蔡。巧合的是，他俩是同龄人，都曾经或现在供职于上海上港足球俱乐部。更重要的是，他们很可能都蕴藏着那种我们所缺少的走出足球泥沼的力量。

我们需要更多的武磊，我们也需要更多的蔡惠强，以及那份对足球执着的热爱——动机单纯的，没有保留的；倾尽全力的，不计得失的；飞蛾扑火的，专业冷静的。

所以我当然不会拒绝小蔡，以及他的这本书。

您呢？

金相凯
2019年2月

与碎片化、快餐化逆向而行的阅读体验

刘 川

体坛传媒驻伦敦记者
阿森纳足球俱乐部中文媒体顾问

我和蔡惠强相识于2012—2013年赛季,当时我刚刚开始在阿森纳足球俱乐部担任中文媒体顾问,工作正处于"胡子眉毛一把抓"的忙乱时期。蔡惠强那时在talkSPORT电台担任解说员,大家都亲切地称他为"小蔡"。我还记得第一次遇见他时,他正拎着话筒和一大捆音频连接线,忙着为了第二天的解说,提前一天去电台测试设备,熟悉直播流程。

小伙子彼时认真的工作态度给我留下了深刻的印象,而且小蔡做事风格沉稳扎实,让人放心。他当时在英国拉夫堡大学上学,闲聊之中了解到他也是阿森纳队的球迷,所以以后一旦俱乐部的工作需要人手,总是麻烦小蔡帮忙。而他每逢俱乐部这边有事,总是提前一天自己开车赶到伦敦,在第二天工作地点附近找地方住下。细数下来,那几年他是最早帮我做官网视频配音的;之后作为最早的中国球迷远征团志愿者,曾全程协调球迷在科尔尼训练基地的参观;2014中国新年阿森纳足球俱乐部拍摄的舞狮视频,也是小蔡帮忙联系了伦敦当地的华人舞狮团。

你能感到他对自己经手的一切工作都抱着学习的态度。阿森纳队2017年夏天访华,那时候的小蔡在国内已可以独当一面作为活动的双语主持人了。有球迷告诉我,在温格的访谈活动现场,他看到在一片举着手机拍照的球迷当中,只有小蔡有些"格格不入"地在笔记本上奋笔疾书。后来提起此事，他说自己当时主要在观察和学习活动主持人的各种临场技巧。这样一个谦虚勤奋的年轻人，难怪20多岁就拿到了欧洲足联的A级足球教练执照，听起来似乎有些不可思议，但背后其实一切都顺理成章。

和国内的大部分足球解说员不同，小蔡不仅拥有欧洲足联的A级足球教练执照，还考取了英国足球协会（以下简称英国足总）的二级足球心理学证书，甚至还有英国足总的一级足球守门员教练执照。此外他在上港多个梯队都有执教和助教的经历，这些经历使他对足球战术的认识非常深入，同时也清楚地认识到足球战术中纸上谈兵和实际执行之间的落差所在。作为一名教练，最重要的始终是更衣室的管理和动员工作，因为这同时关乎战术体系里最重要的一环：临场执行。小蔡作为解说员，对比赛的解读始终处在客观的平视视角，根据实际情况有的放矢地对比赛进行分析和阐释，很少武断评判比赛双方主帅的战术优劣。

《解球：我所看到的90分钟》是小蔡的第一本书，我很荣幸受邀为本书作序。说老实话，我涉猎足球战术书籍实在有限。因为足球战术类书籍，大多偏向资深球迷和专业读者，通常关于战术史渊源发展的内容就占去了相当的篇幅，读起来往往让人半途而废。所以，在这类英语书籍里，我勉强能读完的也只有安迪·格雷早年写的《平行四后卫》。而这本《解球：我所看到的90分钟》，从一开始就不掉书袋，没有从足球的"上古史"讲起，而是简洁明了地直接介绍现阶段国际足坛最流行的战术阵型和理念，感兴趣的球迷读后能立刻提高自己的观赛质量，让自己的看球过程更为享受——这正是我最为欣赏的本书的亮点。

足球战术的专业讲解和演示，需要大量的场上位置图示和视频特效。我曾经在2017年底受托为欧洲足联技术部门翻译一份用于讲解最新战术的电子幻灯片，那个文件的容量将近3GB，幻灯文案的目录和小蔡这本新作相仿，但是每个部分都配备了5～6个欧冠比赛视频演示，视频中球员的位置和跑动路线也全部进行了特效标记，看上去一目了然，以至于我一度认为进行这方面的战术演示，平面的文本载体相对有些不太适合，类似电子幻灯片的视频演示和真人讲解才是最有效的做法。

  不过在认真读完本书后，我多少改变了自己以往的认识。书中，小蔡以典型案例的形式，配以翔实的图示和准确的文字，生动阐述比赛中的战术推进和跑位路线。当然，一开始通过文字和这些图示对照阅读，多少需要花费一定的时间和注意力，然而在进入状态后，我发现这类传统的图示和讲解其实更加容易理解和固化，让人的大脑在随着图示的复盘推演之后，对相关的战术打法，以及背后支持这套战术的思路有更清晰的认识。

  在如今信息摄取碎片化的时代，多亏还有小蔡这样的足球从业者，他并没有迎合现在自媒体公众号那种快餐式的阅读习惯，而是通过本书诚恳地邀请，与对足球战术充满兴趣的球迷分享他的专业知识。

  我希望本书是小蔡足球系列著作的良好开始，相信会有更多的球迷通过这本书，更加深入地了解和热爱这项运动。

刘 川

2019年6月

缘溪行，忘路之远近

在大环境如此优越的现在，每一个足球人都是幸运的。而事实上，对于真正热爱足球的人来说，因为他们正从事着最愿意做的事，无论足球环境的冷热，他们都会在与足球的碰撞中，体会出事业的幸福。

足球场上瞬息万变，没有一个公式和定义能够驾驭一场比赛。例如，训练从后场球门球向前地面渗透时，教练会要求边后卫在边线接球时"第一脚停球向前"。但在实战中，他的第一脚停球的方向取决于太多的因素，诸如：门将传球的落点、高度和球速，场地的湿度及天气对球速的影响，对手的高位逼抢方式是往边线赶还是往中间逼抢，本方边前卫或前锋的能力和状态等。

足球比赛有太多的变数。一支球队赛前的战术准备不可能只是排出首发 11 人，然后主教练根据场面去做换人调整。一支球队的打法也不能简单地用几个字去概括：防守反击、高位逼抢、长传冲吊、地面渗透等。这些都成为让足球变得困难的原因，于是职业足球圈有一种观点，认为没有一个理论可以指导一场比赛，这也是足球理论不太被重视的原因。

而事实上，足球战术、定义和所谓的公式是存在的，因为我们需要这样的"足球语言"，至少它们可以帮助教练在训练球员时，经常提及和传授这些战术、定义和所谓的公式，从而帮助球员理解足球、阅读比赛，在场上做出正确的选择或合适的动作——换个角度可理解为"足球本能"。如在训练中后卫深度防守的例子上，足球公式可以被翻译为：当对方的持球者威胁到球门的时候，防守者必须对其干扰并防止其射门，而不是退防去封堵直塞球路线。因为防守的优先顺序是球门—身后空间—身前空间；当防守方在局部形成人数优势时，离球最近的队员应该对持球者施压，让防守从"开放状态"变成"闭合状态"。开放状态意味着进攻方可以持球向前正面球门，射门或制造向防线身后的最后一传。而闭合状态是指进攻持球者在受逼迫的情况下，无法转身面对进攻方向去直接威胁防守方身后以及球门的时刻。

我们尝试将这些足球战术、定义和所谓的公式向足球的学术化方向发展，这是有可能的，因为随着足球的发展，一项项关于足球的细化分类也必然会慢慢出现，正如历史上的小作坊口口相传的经验管理发展到如今大公司的科学管理。

本书将基于 4-2-3-1 阵型及进攻防守两个阶段四个战术结构，对足球战术作出分析，展示足球学术化的发展前景。同时在本书封面前勒口设置了二维码，读者只需用手机微信扫码，即可在"足球带我奔跑"公众号中延伸阅读足球相关内容，观看可视化战术演示。

笔者认为，如果一支队伍的技术能力和身体素质决定了其在比赛中的排名区间的话，那么教练的战术和对球员的控制可以影响其在这个区间里的最后排名。

蔡惠强
2019 年 1 月于上海

目录

- 足球场上的号码与位置 /1
  - 4-2-3-1 阵型图 /2
  - 3-4-3 阵型图 /3

- 足球场上的四个阶段 /5

- 进攻防守原则 /7
  - 进攻原则 /8
  - 防守原则 /8

- 进攻阶段：由后向前组织 /9
  - 地面渗透的起始站位 /10
  - 中后卫 /10
    - 经典中后卫起始站位 /11
    - 新式中后卫门球站位 /12
    - 激进型中后卫门球站位 /13
  - 边后卫 /13
    - 保守型边后卫起始站位 /14

进攻型边后卫起始站位 /15

平衡型边后卫起始站位 /16

- **后腰** /16

  后腰起始站位 /17

  面对单前锋逼抢的后腰起始位置 /18

  后腰位置向强侧的移动 1 /19

  后腰位置向强侧的移动 2 /20

- **起始阵型** /21

- **由后向前 3-3-3-1 起始阵型** /21

  由后向前 3-3-3-1 起始阵型 vs 4-4-2 阵型 /21

  由后向前 3-3-3-1 起始阵型 vs 4-4-2 阵型：强弱侧转移 /22

  由后向前 3-3-3-1 起始阵型 vs 4-4-2 阵型：寻找拖后中场 /23

- **由后向前 3-4-3 起始阵型** /24

  由后向前 3-4-3 起始阵型 vs 4-3-3 阵型 /24

  由后向前 3-4-3 起始阵型 vs 4-3-3 阵型：直接寻找边后卫 /25

  由后向前 3-4-3 起始阵型 vs 4-3-3 阵型：寻找弱侧边后卫 /26

  由后向前 3-4-3 起始阵型 vs 4-3-3 阵型：中场的连接传球（萨里）/27

  由后向前 3-4-3 起始阵型 vs 4-3-3 阵型：七条走廊 /28

  由后向前 3-4-3 起始阵型 vs 4-3-3 阵型：直接寻找中锋 /29

- **由后向前 4-3-3 起始阵型** /30

  由后向前 4-3-3 起始阵型 vs 4-3-3 阵型（埃梅里）/30

  由后向前 4-3-3 起始阵型 vs 4-3-3 阵型：双后腰连线 /31

  由后向前 4-3-3 起始阵型 vs 4-3-3 阵型：双后腰连线 /32

- **提供传球选择** /33

  中后卫拿球时的传球选择 /33

  直接传球至边路 /34

  先中后边所创造的空间 /35

  3v2 直接传球至边后卫 /36

  中后卫直接寻找前锋 /37

拖后中场拿球转边路 /38
拖后中场拿球寻找中路空间 /39

- **中路人数优势的创造 /40**
  由后向前：边前卫内收创造中路人数优势 /41
  由后向前：边后卫内收创造中路人数优势（瓜迪奥拉）/42
  由后向前：边后卫内收创造边路 1v1 /43

- **长传球 /44**
  球门球强侧长传 /44
  球门球长传不创造强侧 /45

进攻阶段：中场渗透 /47

- **进攻空间划分 /48**
  纵向空间划分 /48
  横向空间划分 /49

- **中路渗透：中锋支点 /50**
  中锋回撤拿球：转身面对球门方向 1 /50
  中锋回撤拿球：转身面对球门方向 2 /52
  中锋回撤拿球：串联前腰 /53
  中锋回撤拿球：串联前腰后的盲侧跑位 /54
  中锋回撤拿球：第三人跑位 1 /55
  中锋回撤拿球：第三人跑位 2 /56

- **中路渗透：边锋内收 /57**
  边锋回撤拿球 /57
  边锋第一脚触球向内 /58
  边锋第一脚触球向外 /59
  边前卫内收至中路（穆里尼奥）/60
  边前卫内收至中路与中锋串联 /61
  边前卫内收至中路为边后卫创造空间 /62

- 边路渗透 /63
  - 边路过载：在特定边路创造局部人数优势 /63
    - 中锋横向移动至边路 1 /63
    - 中锋横向移动至边路 2 /64
    - 连接中转：后腰 1 /65
    - 连接中转：后腰 2 /66
    - 3-2-5 阵型边后卫前插利用边路空间（瓜迪奥拉）/67
    - 3-2-5 阵型边中场前插肋部空间（瓜迪奥拉）/68
  - 斜向转移 /70
    - 斜向转移至弱侧边后卫 /70
    - 斜向转移至弱侧边前卫 1 /71
    - 斜向转移至弱侧边前卫 2 /72

■ 防守阶段：高位逼抢 /73

- 创造强侧 /75
  - 创造强侧的高位逼抢起始位置 /76
  - 创造强侧的高位逼抢：对手中后卫拿球 /77
  - 创造强侧的高位逼抢：对手边后卫进入 1v2 陷阱 /78
  - 创造强侧的高位逼抢：对手边后卫第一脚触球向前 /79
  - 创造强侧的高位逼抢：对手中后卫回传门将 /80
  - 高位逼抢：菱形 4-4-2 阵型起始站位（波切蒂诺）/81
  - 高位逼抢：菱形 4-4-2 阵型当对方中后卫拿球 /82
  - 高位逼抢：菱形 4-4-2 阵型当对方边后卫拿球 /83
  - 高位逼抢：菱形 4-4-2 阵型当对方前腰拿球 /84
  - 高位逼抢：菱形 4-4-2 阵型防守长传球 /85

- 终极逼抢 /86
  - 终极逼抢起始位置（克洛普）/86
  - 终极逼抢：当中后卫拿球 /88
  - 终极逼抢：对手高位边后卫拿球 /89
  - 终极逼抢：对手渗透球找到前腰 /90

- **防守阶段：深度防守** /91

  - **防守移动** /92

  - **深度逼抢** /93
    - 一对一盯防 /93
      - T 字选位 /93
    - 夹防 /94
    - 协防 /95
      - T 字协防选位 /95

  - **中路防守** /96
    - 4-4-1-1 整体阵型 /97
    - 4-4-1-1 整体阵型控制对手的传球路线 /98
    - 防守阴影最小化 /99
    - 防守阴影合理运用 /100
    - 两线之间：前锋线和中场线 /101
    - 两线之间：中场线和后卫线 /102

  - **防守渗透球** /103
    - 深度防守：防守渗透球 /104
    - 深度防守：后卫线的回落 /105
    - 深度防守：后卫线的前提 /106
    - 深度防守：越位线的控制 /107
    - 深度防守：越位线的控制误区 /108

  - **边路防守** /109
    - 边路防守：边后卫和边前卫的职责对换 /109
    - 深度防守：边前卫和边后卫边路 2v2 分配 /110
    - 深度防守：中场回撤边后卫外扩 /111

  - **禁区防守** /112
    - 禁区防守区域划分 /112
    - 深度防守：禁区防守 /113
    - 深度防守：禁区防守后腰与中后卫互换职责 /114

- **训练与战术的结合** /115
  - 周训练计划 /116
  - 战术周期性 /117

- **训练的结构** /119

- **由后向前主题训练课** /121
  - 热身以及准备 /122
  - 由后向前传球练习 /123
  - 4v4+2 /124
  - 由后向前 7+1v6 /125
  - 由后向前 11v11 /126

- **后　记** /129

- **寄　语** /130

解球
你所看到的 90 分钟

足球场上
的号码与位置

足球场上 11 个球员可以用 1~11 的号码去表示，本书中也会更多地用号码来表示场上的位置，下图展示了 4-2-3-1 阵型中的球员号码站位，这样的排布与 4-3-3 或 4-4-2 阵型号码表示没有太大出入。

4-2-3-1 阵型图

1号	门将	
2号	通常是右边后卫，在 3-5-2 或 3-4-3 阵型里称为右翼卫	
3号	与 2 号对应的左边后卫	
4号	右中卫（在早期欧洲足球学术文献中，4 号也时常被定义为组织型中场）	
5号	左中卫	
6号	经常被称为拖后中场，在 3 中卫的体系里可以代表当中的中卫	
8号	双后腰位置中较为靠前的中场	
7号	右边锋或者右边前卫	
11号	左边锋或者左边前卫	
10号	前腰，在中场体系里最靠前的一个	
9号	中锋，单箭头	

3-4-3 阵型图

球队的阵型是职责分配的重要标杆，大致决定了球员在场上需要承担怎样的责任。在现代足球，特别是全攻全守战术发展之后，由于后场球员在进攻当中的作用越发重要，更多的基本阵型只有在防守时才容易识别，特别是对手开球门球时，最能够让防守方阵型一目了然。例如：德国队在勒夫的带领下，凭借着球员出众的控球能力，在进攻时我们往往会看到激进的 2-3-5 阵型；在孔蒂率领切尔西队夺得英超冠军的 2016-2017 年赛季，当他们打不开局面时，换上巴舒亚伊和法布雷加斯的切尔西队会在进攻时呈现出 4-2-4 阵型；穆里尼奥在同一个赛季面对孔蒂的 3-4-3 阵型的切尔西队，指派埃雷拉全场锁定阿扎尔，于是球队整场比赛都没有一个常规化的阵型体系，而每一幅画面都需要球队在训练场上极其细致地练习；2017 年的欧洲冠军联赛（以下简称欧冠）决赛，阿莱格里 4 后卫体系的尤文图斯队用阿尔维斯打到了右边前卫的位置上，借此限制皇家马德里队的左后卫马塞洛，当阿尔维斯撤回到深处防守时，右边后卫巴尔扎利也会内收，让"老妇人"的阵型看起来又回到了 5 后卫体系。

在 2018 年赛季，笔者有幸拜访了英超的一家俱乐部，并与时任的一线队比赛分析师探讨了赛前准备的话题。在他们的报告里，分析师交给主教练的对手阵型分成四个部分，也就是在不同阶段对手有着四个阵型。这四个战术阶段分别是：进攻由后向前阶段；进攻中前场渗透阶段；防守高位逼抢阶段；深度防守阶段。值得一提的是，职业球队之所以不会在由攻转守和由守转攻去设立固定阵型，是因为那两个阶段所涵盖的变量太多，主教练不太会用整体阵型去要求球员，取而代之的是一些原则性的安排。

解球
你所看到的 90 分钟

足球场上
的四个阶段

如果用四个时间段去概括一场比赛，可以使得球员和教练都更加了解球场上不同阶段应做什么事，怎么做。

[**进攻阶段**] 以进球或最后射门为目标，从后向前地渗透组织。包括从后场开始向前的组织；在中路通过局部人数优势形成渗透；在边路利用宽度创造传中机会等。

[**由守转攻**] 利用对方防守组织的空间，以最快的速度撕破对方防线或重新组织进攻。包含了最被大家所熟悉的快速反击，或者在短时间内利用对手阵型的不完整创造得分机会。

[**防守阶段**] 针对对方的进攻，意在防止失球。包括快速形成第一条防守线；保持球队的紧密度；创造高位逼抢；保证相互协防的距离和位置等。

[**由攻转守**] 以最快速度重组防守结构，干扰对方的渗透或直接对球权进行争夺，防止丢球。包括球员快速地回位形成防守体系以及距离足球较近的球员对持球者形成干扰。

这四个阶段分别有着清晰的任务定义与战术策略，不管用什么样的阵型，它们都不会改变，所以它们可以被称为"足球原则"。

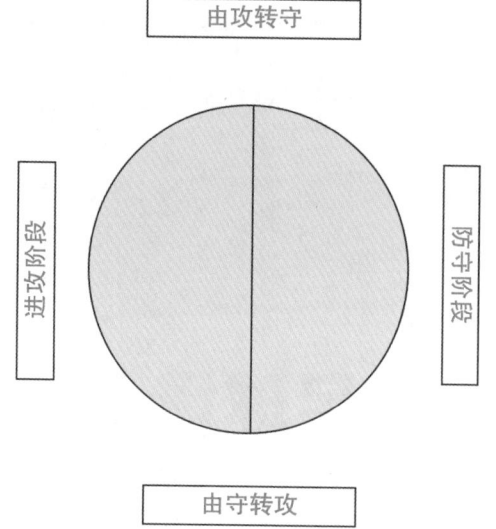

有时候，在进攻和防守两个阶段，欧洲的足球学者们更愿意根据场地的三等分来区别不同阶段的战术，因此在很多地方可以看到教练们把足球比赛分成进攻一至三阶段，防守一至三阶段和两个转换期的"八个足球阶段"。

解球
你所看到的 90 分钟

进攻
防守原则

进攻原则

进攻中的"深度"和"宽度"都和"空间"概念紧密联系。因为定向的进攻方向，选择正确的空间可以达到渗透的目的。足球进攻的规则就是把球渗透到对方的球门线后。在这个过程中，无球进攻者对持球者的"支援"必不可少，可以提供传球线路或者带开防守队员来创造有效空间。"创造"则体现在各种一对一甚至一对多过人，寻找特殊传球路线或者射门线路的过程中。

防守原则

防守上的"逼抢"和"保护"通常是最优先的考虑原则。根据防守的优先顺序，先对进攻方可能威胁到球门或者身后空间时提供保护，在瞬时可以采取逼抢和压迫去干扰威胁对方。在防守的整个过程中，缩小进攻空间的主要一点就在于保持整体阵型的"紧密度"和"平衡"，虽然处于无球阶段，由于球场空间之大，防守队员不可能覆盖每一寸草皮，因此必须对有球者重点"控制"。

这些攻防原则也是设计或评判一节训练课的标准，每节训练课都至少包含攻防两个足球阶段。从2014年开始的英格兰足球教练考试中，如果一节进攻训练课没有涉及由攻转守的概念，那就会被无情地认定为不及格；防守训练课也一样。

进攻原则：
深度，宽度，渗透，支援，创造

防守原则：
逼抢，保护，紧密，平衡，控制

图示线路示意

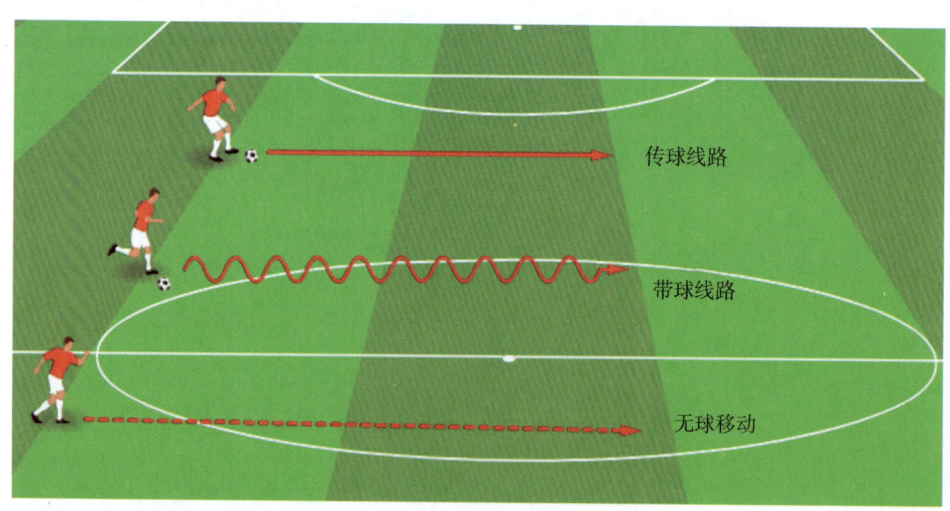

本书的图示用实线表示球的运行线路，曲线表示持球者的带球路线，以及虚线表示无球队员的跑动路线。并且在进攻和防守两个阶段以红色球衣的队伍作为战术分析的主队。

解球
你所看到的 90 分钟

进攻阶段：
由后向前组织

这个阶段是指从本方 30 米区域内开始的推进，如球门球或在一次成功的防守后门将持球开始组织进攻。这个战术阶段可以划分为两种方式：一种是意在将球过渡到中场再形成最后一传；另一种就是直接找到本方的前场球员（长传球）。

前者更适合传控打法的球队，如在瓜迪奥拉的足球哲学里，即使对方采用高位逼抢的战术，他依旧坚持用各种办法来寻找从后向前不轻易起球长传的战术。2017-2018 年欧冠小组赛第一回合曼彻斯特城（以下简称曼城）队 vs 那不勒斯队堪称从后向前组织的经典一战。我们是以这样一个思路去思考球门球的直接长传，当球门球时进攻方拥有 100% 的球权控制；而当长传球发生时，在半空中的球会变成 50:50 的球权分配，这已经变成了一种损失。

不可否认的是，在对手整体阵型压上并留出身后空间时，长传也是很有效率的战术。因为足球运动的获胜方法就是将球送入对方的球门，那么直接找阵型中离对方球门最近的本方球员也是在逻辑之中的。需要强调的是，即便是长传球也需要精心设计。

足球没有一个最佳的战术，只有最合适的：

（1）从后向前的地面渗透。

（2）长传球。

地面渗透的起始站位

中后卫

毫无疑问，由于中后卫是距离球门最近的球员，因此他是在开球门球或者门将得到球权后传球的第一选择，所以当前更多的中后卫从传统的"英式中卫"路线走向了"出球中卫"。拉波尔特、斯通斯都是这个类型的代表性人物。然而在现代的足球比赛中，中后卫的起始位置也开始有了微妙的变化。

> **足球**
> 没有一个最佳的战术，只有最合适的。

> **定义** 最后一传：
> 能够在完成技术动作后为队友创造射门的传球。

经典中后卫起始站位

曾经比较经典的中后卫球门球起始站位是在两个大禁区角上,由于在2019年更新足球规则前不允许进攻方在禁区内接球,两个中卫会选择在既可以拿球后向前又距离守门员较短的距离接球。如果对方的前锋站在大禁区弧中间,黑色箭头路线是他需要跑动并对持球中后卫施压的距离。

新式中后卫门球站位

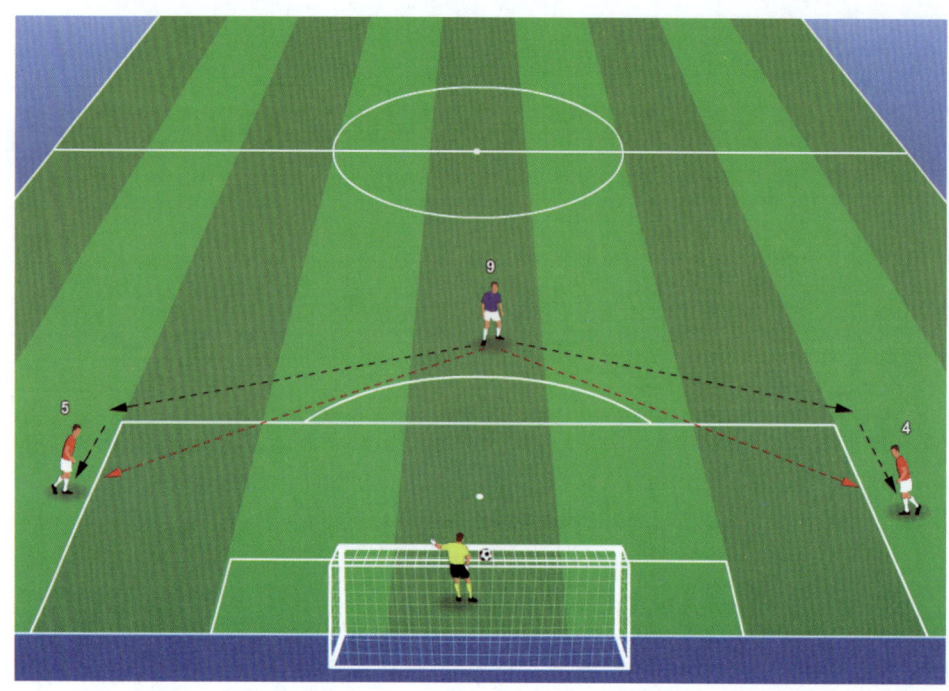

在高位逼抢盛行的现代足球中，新式中后卫接球位置变成了大禁区直角边的中点（4号、5号）。因为规则上当足球没有离开大禁区时，对方前锋不能提前进入这块区域（红色路线），所以拉长了对方球员对持球中后卫施压的跑动距离（黑色箭头路线所示）。

这里还有一个细节就是门将开始把球放在小禁区的中点上，意图去缩短持球者与中后卫的距离，并且提高门将出球方向的隐蔽性。

激进型中后卫门球站位

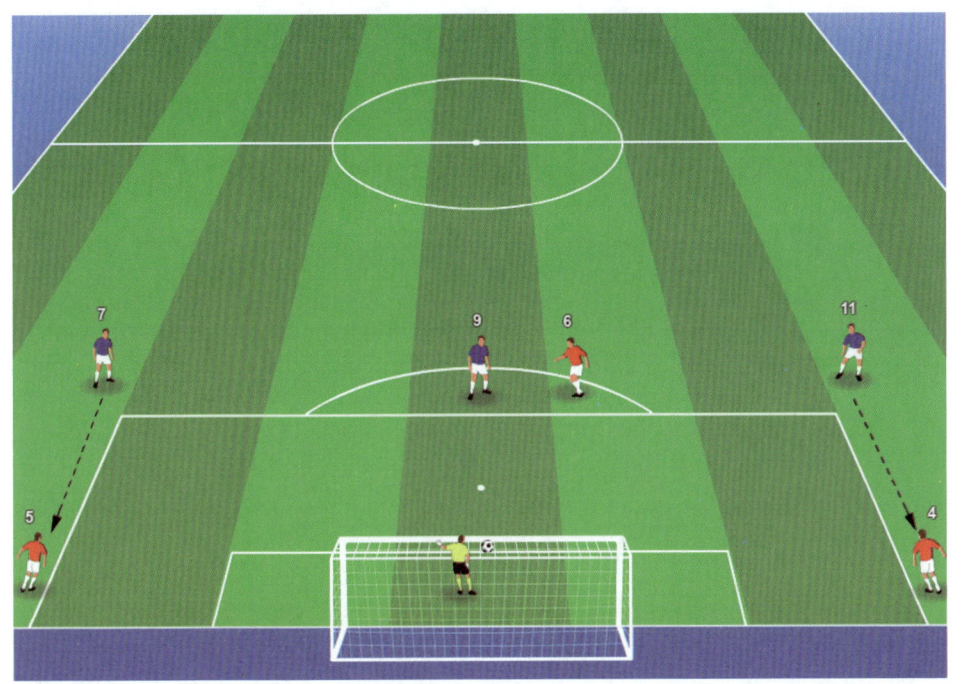

当 4-3-3 阵型甚至 4-2-4 阵型都已经出现在高位逼抢战术中后,有些坚持地面渗透的教练开始为了创造中后卫拿球时候的空间,把双中卫的起始位置推到了底线和大禁区线的交界处(4 号、5 号)。这个战术体系下,往往会有 1 个甚至 2 个后腰拖到大禁区弧顶附近来控制中路。带领切尔西队夺冠的孔蒂尝试过这样的起始位置,而瓜迪奥拉当然也是其中的代表了。

这一看似疯狂的战术起源,当然来自于"疯子"贝尔萨了。需要补充的是,由于进攻方边后卫在这个体系中位置可以被推高,所以增加了蓝色防守方两个边锋(7 号、11 号)直接贴近接球双中卫的顾忌。

■ 边后卫

边后卫是由后向前推进中极具意义的战术棋子,特别在盛行使用 4-3-3 阵型高位逼抢的当今足坛,边后卫成为破"高位逼抢"的利器。由于边后卫的起始位置往往处在对方前锋和中场两条线之间的空间,并且肩负着为球队的整体阵型保持宽度的职责,在中后卫和拖后中场被对方锁死的情况下,边后卫往往是门将的第一选择。这是因为相对于前场球员他们距离门将更近,而对比中场球员边后卫所获得的接球空间往往更广阔;同时从由攻转守的角度去衡量,即使长传球找边后卫出现失误,考虑到其接球位置距离边线近,球出界后只会让给到对手一个手抛球或者从边路开始反击的机会,因此相比中路地带有更大的容错率。

不同的战术体系里,边后卫的起始位置在很大程度上取决于对手边前卫或者对应盯防者的位置,下面介绍几个比较常见的边后卫起始位置。

• 保守型边后卫起始站位 •

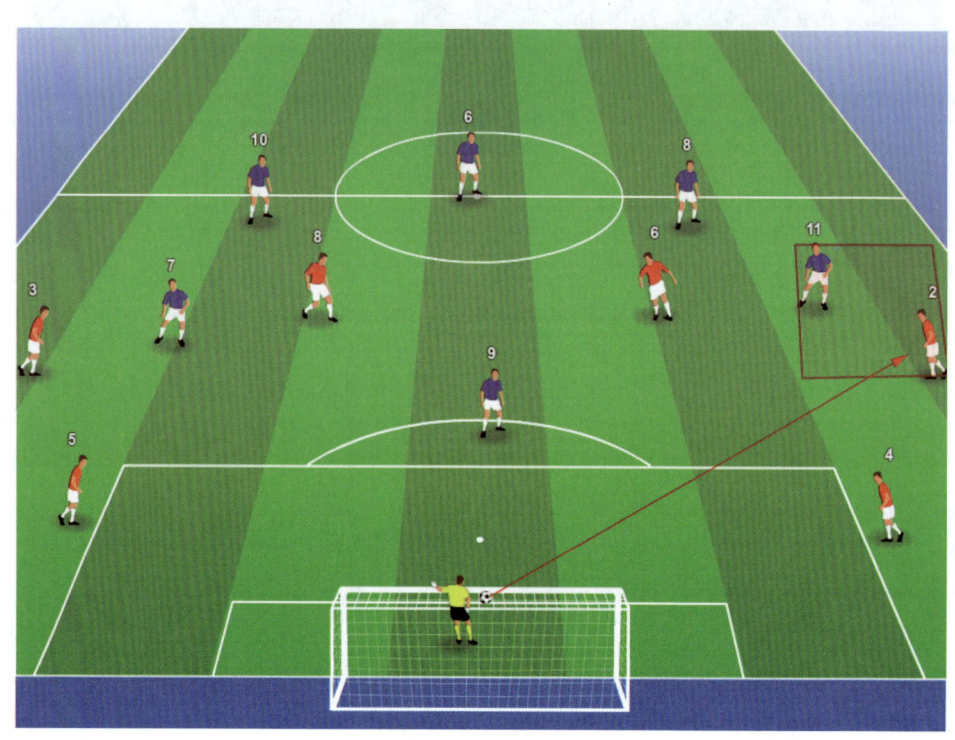

保守型边后卫的起始选位从防守角度判断处在一个较为安全的地带。在丢失球权时,红方右边后卫(2号)会处在相比于对方(蓝色11号)距离球门更近的一侧(门侧)。反之,从进攻方面考量这样的站位,当进攻接球边后卫用0.5~2秒不等的时间控制住球时,对方的左边前卫(蓝色11号)可以立即向前施压形成干扰,出现更利于防守方阻止球向前发展的局面。

进攻型边后卫起始站位

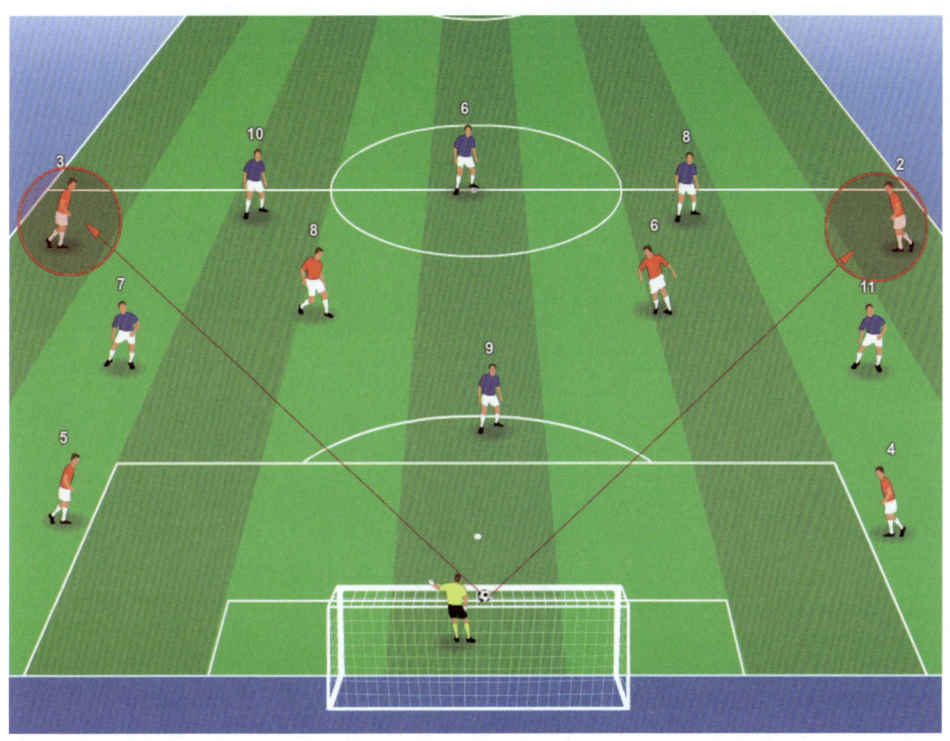

进攻型边后卫起始位置处于对方防守边前卫（蓝色 11 号）身后的位置，这能使边后卫在接到球以后马上向前，并导致对方 3 人甚至 6 人处于无效防守位置。但是，如果门将的长传球出现失误，边后卫将很难对最有可能拿球的对方边前卫造成防守干扰。

这幅图片中可以附加的一点是，蓝色防守方可以接受这个站位的原因在于，如果右中卫（4 号）得到球权，防守方 9 号和 11 号可以在较短时间内形成对其的双人逼抢。此画面会在之后的高位逼抢章节中提到。

 无效防守位置：
 防守队员相较于持球进攻队员更远离本方球门的位置。

平衡型边后卫起始站位

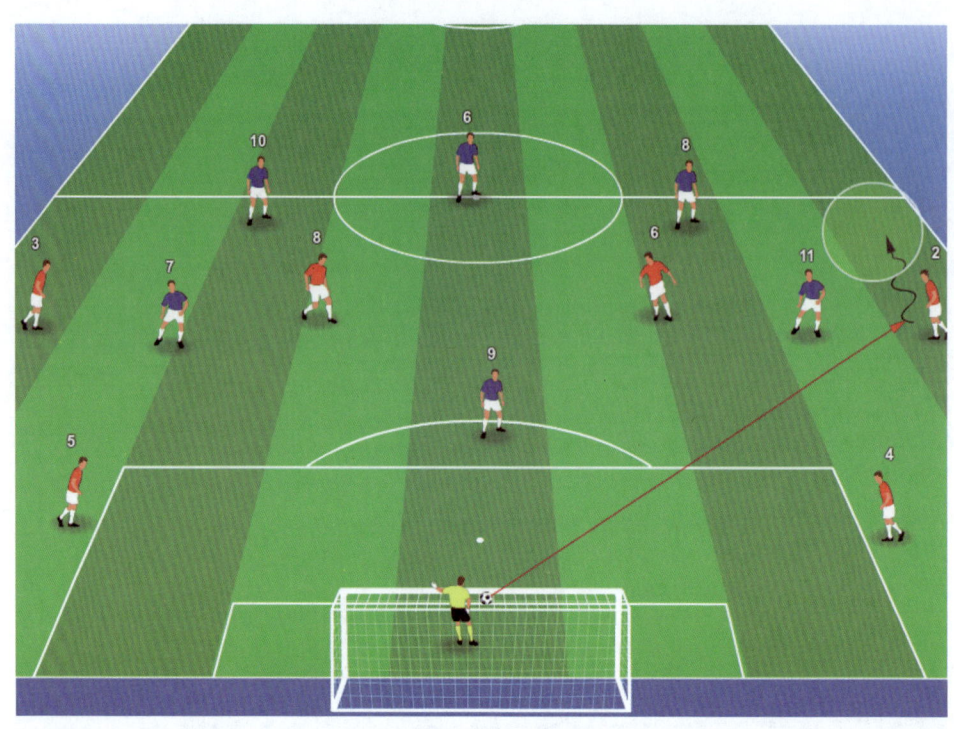

结合前面两种站位的利弊，更多的边后卫开始选择与盯防者平肩的站位。这样当球来到右边后卫（红色2号）脚下时，只要处理好第一脚触球的方向，依旧可以摆脱对方边前卫的正面防守，将其置于身后位置。同时，如果门将的长传球被对方断走，相对而言，边后卫还是有可能去对断球者形成干扰并快速回到自己的后防4人体系中。

■ 后腰

在后腰的责任分配中，往往在由后向前组织过程中位置最深的那一个（6号位球员），被称为"拖后中场"。这和以前仅仅在防守过程中去评判双后腰各自的职责分配有所不同。以阿森纳队为例，在2016-2017年赛季中，虽然科克兰的防守属性比扎卡更为突出，但是由于在3-4-3体系当中的由后向前的调度能力，往往扎卡被认定为阵型中的拖后中场。在由后向前出球变得异常重要的现代足球中，通过观察一场比赛的平均阵型图，我们可以看到偏向防守型的后腰开始有了更靠前的位置，反倒是出球型后腰成为中场里最靠近后卫线的那一个。这也是一种足球发展趋势的体现，越来越多的球队把从后场开始的控球放在了第一位。

进攻的一阶段，后腰在位置选择上要遵循两个原则：①为持球者创造出可以传球的路线；②在后场形成除门将以外的外场球员人数优势。

后腰起始站位

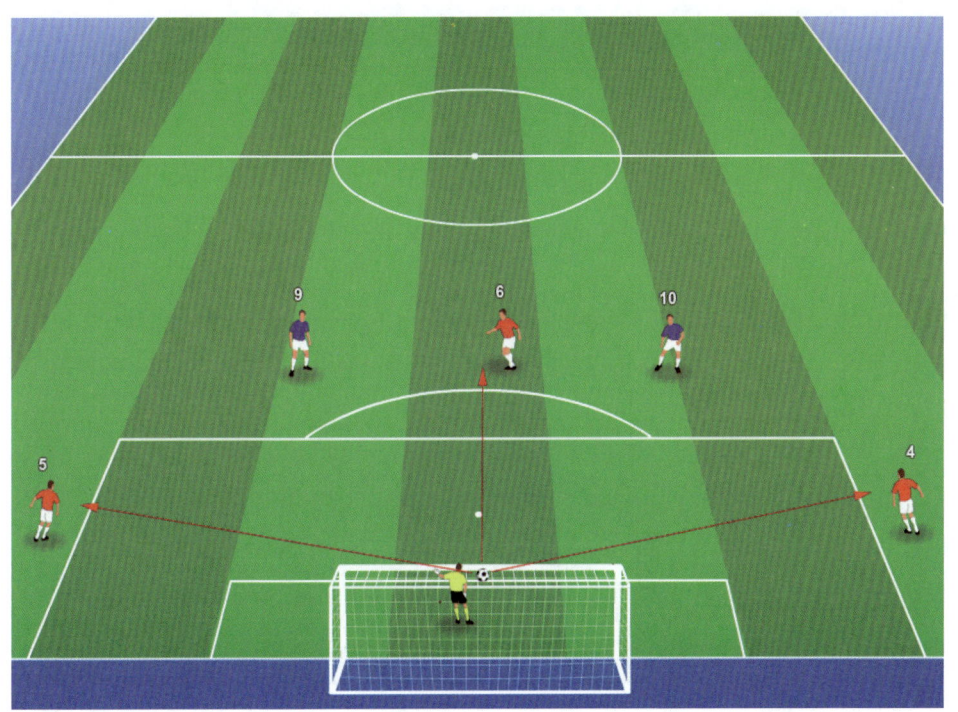

在选位过程中，两个中后卫和后腰为门将提供了3条传球路线，理论上说对方的两名前锋不可能完全锁住三条路线。伴随着球的移动，后腰（6号）的站位不能与对方防守者（蓝色9号、10号）还有足球形成一条直线，目的在于为队友创造有效的传球路线。同时，因为要为潜在的由攻转守做准备，球队在后场的局部人数优势保持在3v2。在当今的足球战术里，由攻转守早已不再是丢球后球员的反应，而是每一次持球时队员们在后场的站位已经开始为可能的丢球做准备。

记得在2017年欧洲足联A级教练课上，时任英超斯旺西队的主教练保罗·克莱门特说："现代足球的关注点已经不停留在如何强调由攻转守和由守转攻阶段了，在高节奏的比赛中，重要的是如何最小化这两个阶段。如果一支球队能够在丢失球权后直接进入防守阶段，跳过转换期，那将是非常恐怖的。"

面对单前锋逼抢的后腰起始位置

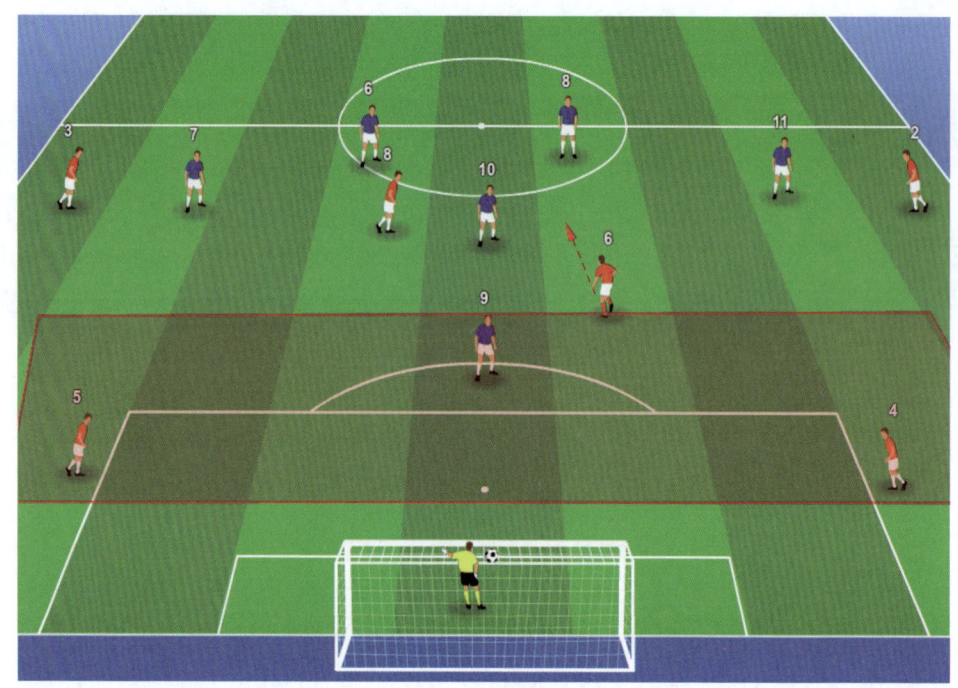

后腰的回撤时机需要根据对手的防守人数和选位来设计。如果对手在逼抢的时候只有一个前锋（蓝色 9 号）处在第一个区域，那本方的后腰就不需要撤到深处回接，因为此时后场 2v1 的人数优势已经形成。这时候多一人的回撤只会减少双中卫的持球空间，拖后后腰甚至可能会把对方的 10 号也带到前场防守。

这个战术曾经引起许多教练的讨论，有人认为 6 号的回撤可以增加传球路线，即使形成 3v1 也没有太大问题。然而反方认为，当足球可以向前传递时，尽可能地让球员在保持原则的情况下向前选择站位，因为球队的最后目的是将球射入对方的球门。笔者认为这个辩题可以引申到每个足球战术中，选择任何战术完全取决于球员的特点和能力。如果你有一个皮尔洛式的长传手，那拖后中场的回撤是理所当然的；如果你有出球能力突出的中后卫，6 号位的回撤就会显得有些多余。

现代足球的关注点已经不停留在如何强调由攻转守和由守转攻阶段了，鉴于比赛的节奏，重要的是如何最小化这两个阶段。如果一支球队能够在丢失球权后直接进入防守阶段，跳过转换期，那将是非常恐怖的。

——保罗·克莱门特

后腰位置向强侧的移动 1

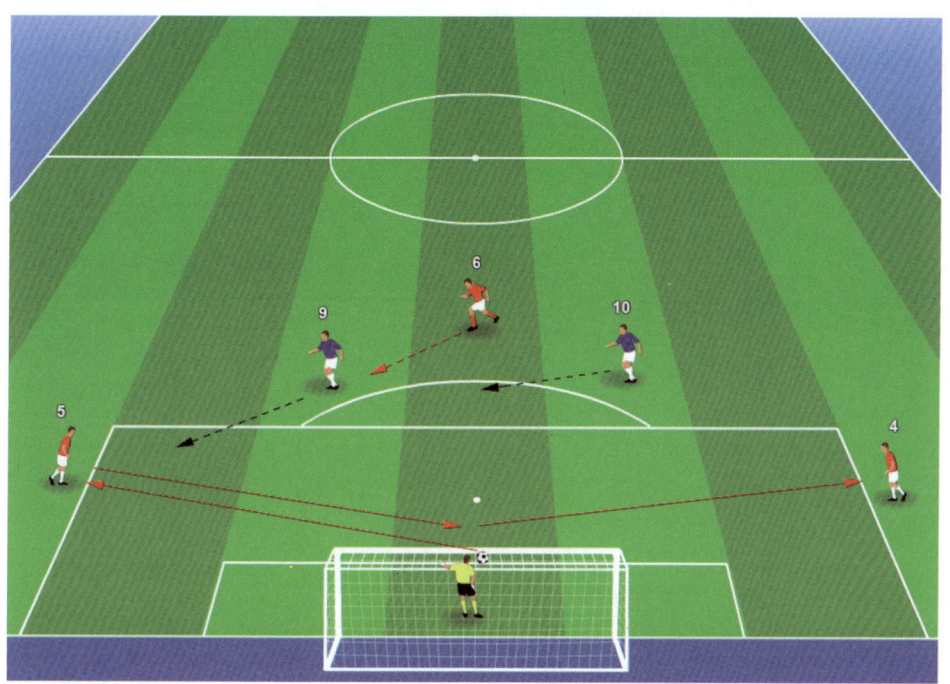

根据球运行的方向去不断选择自身的接球位置，无球跑动技术是后腰位置球员重要的技能。当守门员第一脚传给左边中卫（5号）后，如果对方向强侧也就是有球一侧移动时，后腰也需要向强侧靠近，去创造局部2v1。如果对方处在弱侧的前腰（蓝色10号）跟随球的移动方向，则球可以重新回到守门员脚下进行转移，为右中卫拿球创造出空间。

需要指出的是，在无球移动的过程中，并不是一味向着球移动的方向靠近才是支援队友的方式，有时候反向移动能起到更好的效果。在方向上没有一个固定的规则，重要的是球员学会如何在同时考虑到对手、球以及队友位置的情况下，用无球跑动为进攻创造出空间。

后腰位置向强侧的移动 2

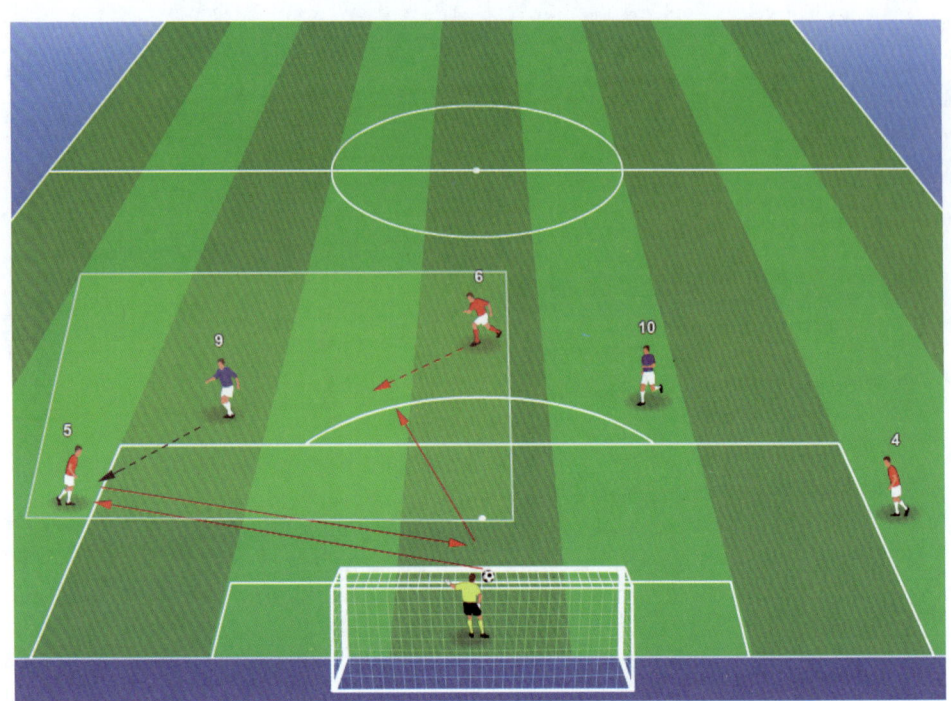

　　后腰移动的时间点也非常重要，过早或过晚都不是正确的答案，设计进攻战术的优势就可以体现在让对手无法预判这点上。如果后腰（红色 6 号）能够在门将接到中后卫（红色 5 号）回传球后再到达有效接球位置，对方防守球员（蓝色 10 号）由于对弱侧的顾及就不能及时地去做提前的预判和移动。此时，进攻后腰与右中卫可以在局部形成 2v1 的人数优势并找到接球转身向前的时间和空间。6 号位的接球者在整个跑动过程中都需要创造出角度，提供传球选择；遵循在移动的过程中，球、对方前锋和接球的后腰不形成一条直线的规则。

起始阵型

■ 由后向前 3-3-3-1 起始阵型

● 由后向前 3-3-3-1 起始阵型 vs 4-4-2 阵型 ●

球队在各个阶段会根据进攻以及防守的原则以及不同的战术目的去变换初始阵型。因此，职业球队的对手分析报告里不会只给主教练一套对手的阵型，而是在攻防两端不同阶段的不同阵型。

面对双前锋的高位逼抢时，从 4 后卫基础阵型演变的 3-3-3-1 起始阵型，可以通过后腰的回撤和两边边后卫的起始位置前提，形成在后场一阶段的人数优势。因为在边后卫（红色 2 号、3 号）向前选择站位的同时，能够吸引防守方的两个对位边前卫向后远离进攻方的双中卫，并形成 3+1v2 的局面（红色 4 号、5 号、6 号与门将 vs 蓝色双前锋）。在进攻第一阶段由后向前的区域，球队可以通过强弱侧转移，或者找到处于双前锋当中空间的拖后中场作为推进到第二阶段的方法。

这里所谓的从一阶段到二阶段成功的标准就在于，让攻方接球者处于比防守方双前锋或者第一条防守线更靠近进攻方球门的位置。

由后向前 3-3-3-1 起始阵型 vs 4-4-2 阵型：强弱侧转移

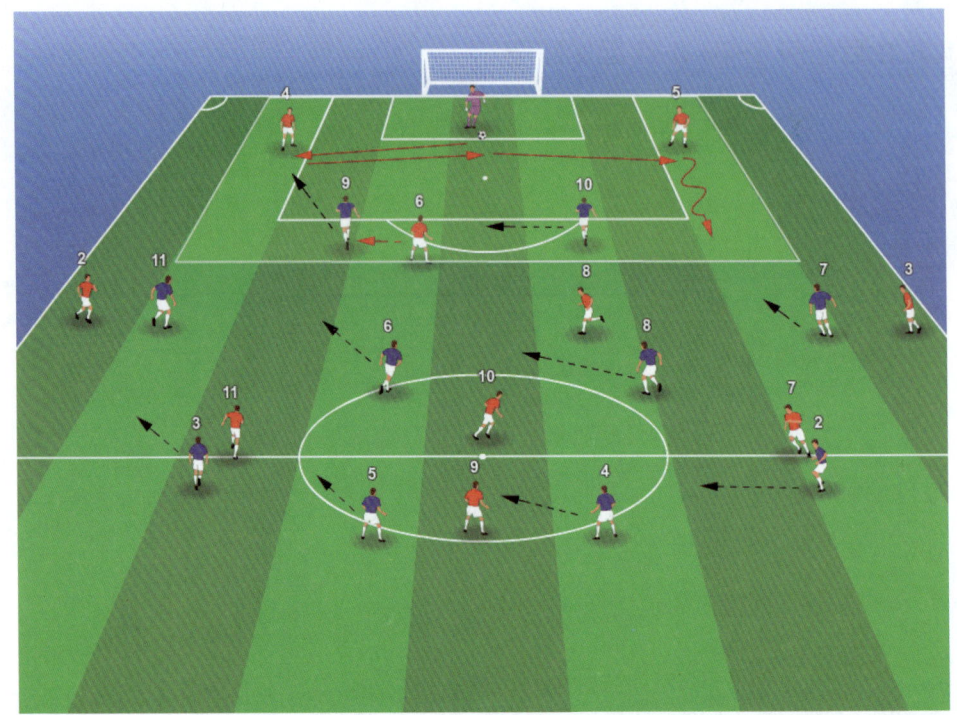

面对双前锋的高位逼抢体系，由于防守方第一条线的人数不足以覆盖场地的宽度，并且 3-3-3-1 阵型赋予了进攻球队在后场的局部区域人数优势 4v2。在这样的前提下，防守方前锋（蓝色 9 号、10 号）没有办法及时创造出防守强侧去限制持球者的横向出球选择。如图，在防守前锋（9 号）逼迫进攻方右中卫（4 号）向边线带球或者出球时，通过门将的弱侧转移可以让后场的三人破局。此处，前提是防守方的两个前锋在球传出的一瞬间就一起向强侧移动。

在这个战术体系下，门将和中后卫之间传球的质量是非常重要的，传球球速要快，但同时又能够让同伴可以触球时打开身体面向进攻方向。假设门将的球门球传向右中卫的左脚时，对方前锋立即可以预判到接球者无法转身向前，并且球极有可能再次去到门将脚下。当防守方可以预测到后场出球者下一步意图时，对于进攻方来说就是灾难的到来。在由后向前的体系里，容错率是微乎其微的，因为球处于本方的 30 米区域里。正因如此，我们可以在此意识到，没有一个战术可以完全脱离球员的个体技术能力。

由后向前 3-3-3-1 起始阵型 vs 4-4-2 阵型：寻找拖后中场

在面对 4-4-2 高位逼抢阵型的时候，也有很多防守方前锋（蓝色 9 号）为了创造强侧，用弧线跑位逼抢的方式去限制进攻方的出球方向。如果中后卫起始出球的线路被限制，那拖后中场后腰（红色 6 号）需要及时反应并提供给右中卫可选择的直线传球线路；或者在拖后中场来不及到位时，通过强侧边后卫（红色 2 号）回撤后的连接传球去破局。

这里边后卫的连接传球用黄色实线表示，看似轻描淡写的一次传球却往往需要教练在训练场上反复强调和练习。假设右边后卫（红色 2 号）回接，首先他需要用无球虚晃创造出和防守方边前卫（蓝色 11 号）的距离，然后在恰当的时机给右中卫传球选择，并平稳地把球最好以一脚触球的方式给到拖后中场，因为在高位逼抢下，存在的空间会变得非常有限。

■ 由后向前 3-4-3 起始阵型

● 由后向前 3-4-3 起始阵型 vs 4-3-3 阵型 ●

在欧洲主流的由后向前风格里，许多球队在面对 4-3-3 阵型高位逼抢的时候，也会通过回撤一个后腰来形成 3-4-3 的起始阵型，因为这样的阵型可以让中场的局部区域人数占上风，形成 4v3 的情况。如图中红方前腰 10 号和靠前后腰 8 号的起始站位一左一右，也会让整个阵型对比 3-3-3-1 的起始站位显得更加对称，而不是有往一侧的偏向性。但是相较于 3-3-3-1 阵型，因为前腰 10 号的回撤，会减少向对手中场线后渗透传球的选择。

由后向前 3-4-3 起始阵型 vs 4-3-3 阵型：直接寻找边后卫

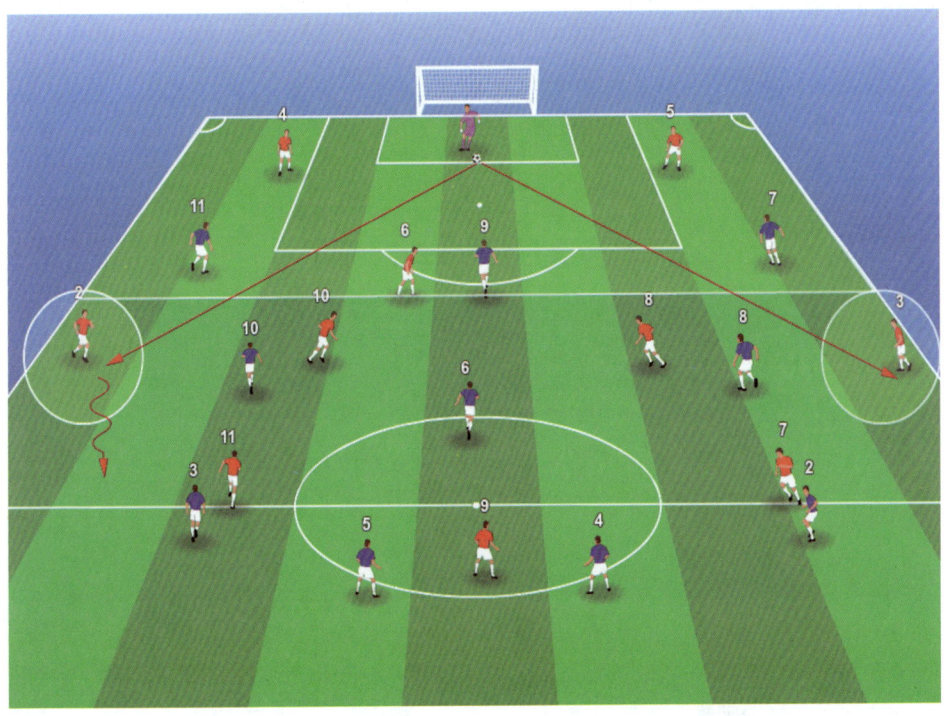

3-4-3 阵型起始站位面对 4-3-3 阵型高位逼抢的时候，由后向前的战术也有一种简单粗暴的方式去破局，那就是门将直接通过中长传过顶球找到处于对手两条线之间的边后卫（红色 2 号、3 号）。如果边后卫拿球后的第一脚触球完美，控制住球并向前推进，那对方的 4-3-3 阵型高位战术的前锋逼抢线会在瞬间化为乌有。

这样的战术无疑给门将出了很大的难题。因为这一脚传球既需要球速，又要柔和到可以让边后卫舒服地停球，同时精确性也是必不可少的。在笔者接触到的现代门将的训练中，几乎没有一个门将在一周的训练课里会没有对这种技能的练习。门将们亲切地把它称为：边后卫传球。

由后向前 3-4-3 起始阵型 vs 4-3-3 阵型：寻找弱侧边后卫

由于 4-3-3 阵型中场的防守宽度，强制性要求门将每一次的边后卫传球都很精准并且带有球速是很困难的，所以通过中后卫洗球后向弱侧边后卫的传球，可以让边后卫获得更大空间去从容地处理来球。这里空间产生的原因就在于，4-3-3 阵型高位逼抢方弱侧的中场球员（蓝色 10 号）会在球移动时向强侧靠近。

在中后卫（红色 5 号）回传给门将的情况下，门将为了躲避可能上抢的对方 9 号中锋，还需要主动迎球，并将球打向弱侧。伴随着的是中场 10 号内收吸引对手的中场球员（蓝色 10 号）内收，以及右中卫向门将的靠近去干扰对手边锋（蓝色 11 号）的回退。虽然很多球员在整个过程里没有触球，但是无球移动对防守方产生的影响是必需的。同时，这一战术对于门将传球接球能力要求更高，因为相比于球门球的静止状态，在球运行中传出这一脚，就需要精雕细琢的训练了。

在 2018-2019 年赛季的英超阿森纳队，年轻门将莱诺把握住了世界级门将切赫受伤的机会，在联赛中获得了主力位置，而其中很大一部分原因就是因为在现代门将的出球要求上他做得更好。切尔西队在 2018 年夏天重金引进的凯帕，曼城队在更早之前找到的埃德森都是这一方面非常出色的代表。

 边后卫传球：
门将在由后向前的推进过程中，向边后卫位置传送并破解对手高位逼抢的传球。

由后向前 3-4-3 起始阵型 vs 4-3-3 阵型：中场的连接传球（萨里）

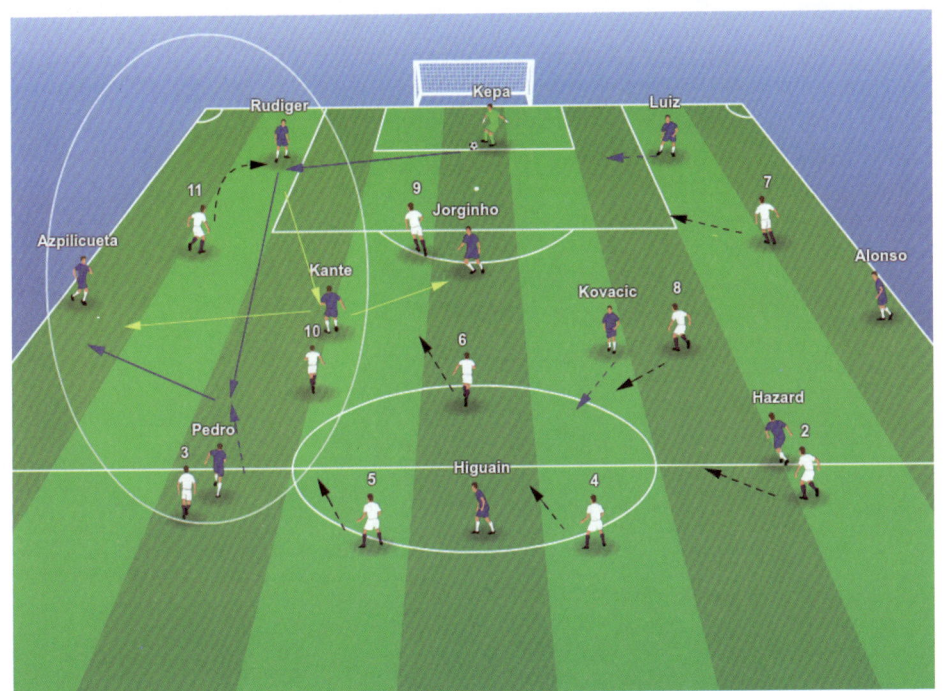

在 3-4-3 阵型对阵 4-3-3 阵型高位逼抢的边路区域往往会出现 4v3 的局部人数优势，由进攻方中后卫、边中场、边后卫及边锋形成。但防守方边锋会利用弧线的无球跑动去封堵边后卫有效的接球点，因此利用两个后腰或回撤的边前卫，通过连接传球找到破局 4-3-3 高位逼抢的关键人物——边后卫。

萨里在 2018-2019 年赛季来到英超后，将蓝军从之前的防守之师变成了欧洲足球地面渗透流派的代表之一。而在由后向前阶段，切尔西队就将这一特点体现得淋漓尽致。在中后卫吕迪格（Rudiger）持球向前并被对手封堵向右边后卫阿兹皮利奎塔（Azpilicueta）的传球线路时，强侧的边中场坎特（Kante）或强侧边前卫佩德罗（Pedro）都会适时回撤进行串联。在回撤的过程中，进攻方接球者需要在对的时机到达接球点，因为直线的匀速回撤很可能会遇到防守球员（白色 3 号、10 号）的贴身紧逼并导致连接传球失误。球到人到，用合理的身位做出传递找到边后卫。在边后卫成功得球向前时，对手的前场 5~6 人都会处于无效的防守位置。切尔西队在那个赛季一开始就展现出了连续传球地面渗透的战术，特别是在右路进攻时。坎特和佩德罗的一脚出球能力在这样的战术下获得了极大的展示空间。

由后向前 3-4-3 起始阵型 vs 4-3-3 阵型：七条走廊

在由后向前的过程中，球员的位置会随着球的移动不断调整。但在占据纵向空间上，可以分割出七条"走廊"。每位球员的走廊大小会因为队友的位置有所变动，如上图因为进攻方 6 号拖后中场的起始位置靠近进攻方向右侧，所以 10 号的走廊会被缩小。但是任何走廊的重叠，就意味着进攻队员纵向站位的重叠，会导致有效传球路线的丧失。假设左侧中卫（红色 5 号）拿球时，如果强侧后腰和边前卫（红色 8 号、11 号）在一条直线上回接，那中卫的出球选择就少了一条线路。当然，挑传这种非常规性手段在设定这一规则时不会被太多考虑；由后向前的过程中，这样极具天赋的表演和冒险不会被大多数教练接受为一种破解高位逼抢的手段。

由后向前 3-4-3 起始阵型 vs 4-3-3 阵型：直接寻找中锋

在面对激进的高位逼抢时，防守方的强侧中后卫在很多情况下会移向进攻方边前卫的区域，以填补边后卫前压后的空间。这样防守方可以在边路形成 4v4，并让进攻方破局 4-3-3 阵型高位逼抢的关键人物——边后卫失去作用。在这样的情况下，起始由后向前已经成功了一半，因为由后向前绝不是沉迷于在后场倒传而拒绝一切长传机会。在足球原则中，前场出现一对一或者在任何局部进攻人数等于防守人数时，都可以被视作是对进攻有利的局面。

在强侧中卫拿到球后，伴随着进攻方球员多个接球点被对手贴身紧逼时，进攻方中锋（9号）需要去探索并利用因防守方强侧中卫（蓝色4号）向前移动所留下的身后空间。如果能够控制住球并转身，就可能是 1v1 面对中后卫的局面了。此战术从第一阶段的后场，直接越过中场找到了第三阶段——前场。在德甲夺冠克洛普麾下的那支多特蒙德以及 2017-2018 年赛季同样是渣叔执教的利物浦队都非常擅长这种跨阶段的推进战术。

由后向前 4-3-3 起始阵型

由后向前 4-3-3 起始阵型 vs 4-3-3 阵型（埃梅里）

在 2018-2019 年赛季的阿森纳队比赛中，笔者第一次看到了用 4-3-3 起始阵型来面对 4-3-3 阵型高位逼抢的起始站位。当时阿森纳队的后腰组合是瑞士国脚扎卡和乌拉圭国脚托雷拉，两人同时回撤和双中卫形成 4 人的第一层后场推进单位。这一战术让战火燃烧到了进攻方门前的区域，除门将以外在后场第一阶段埃梅里的球队有着 4v3 的人数优势，或许埃梅里认为最危险的地方往往也是最安全的。

4-3-3 起始阵型中球门球站位和往常的阵型有所不同，组成后场 4 人的球员分别是两个中后卫穆斯塔菲和霍尔丁（Mustafi & Holding）及两个后腰托雷拉和扎卡（Torreira & Xhaka）。而形成第二条线的是边后卫贝莱林（Bellerin）与科拉希纳茨（Kolasinac）及前腰厄齐尔（Ozil）。伴随着对手的高位逼抢及阵型前移，阿森纳队的三叉戟获得了更多空间，因为奥巴梅扬（Aubameyang）、姆希塔良（Mkhitaryan）及拉卡泽特（Lacazette）都有着极强的运动能力。或许这就是西班牙主帅如此坚持在后场控制球权，吸引对手压上的原因所在。

由后向前 4-3-3 起始阵型 vs 4-3-3 阵型：双后腰连线

除门将以外的后场 4 名球员会让球队在面对 3 名前锋高位逼抢线时，有着 4v3 的局部优势，所以这样的阵型甚至有了让进攻方直接在中路渗透的可能性。

在中路 4-3-3 阵型的起始站位让托雷拉（Torreira）和扎卡（Xhaka）面对一个中锋（蓝色 9 号），对手的两个边锋（蓝色 11 号、7 号）则会把更多的盯防任务放在进攻方两侧进攻中后卫的身上。这样在中路 2v1 的局部，在技术达标的情况下，后腰球员可以轻松地渗透掉对方的前场 3 人逼抢。当后腰托雷拉（Torreira）拿球时，利用局部人数优势所创造的空间去找到另一侧处于无人盯防的后腰扎卡（Xhaka），后者在接球后向前推进。

当然，接球后腰的起始位置必须隐蔽地选择在对方中锋和边锋的空档处，而弱侧后腰的接应时机也必须足够及时，以避免防守方弱侧边锋（蓝色 7 号）回收后的干扰。

由后向前 4-3-3 起始阵型 vs 4-3-3 阵型：双后腰连线

在 4-3-3 起始阵型面对 4-3-3 阵型高位逼抢阵型的情况下，如果防守方弱侧边锋（蓝色 7 号）利用移动速度很快或预判及时在中路形成 2v2 的局面。这时进攻方强侧到弱侧的转移就可以成为另一种选择了。当一侧中卫穆斯塔菲（Mustafi）拿到球时，通过门将的转移可以让弱侧的队友获得空间。由于防守方弱侧边锋（蓝色 7 号）在球移动后跟着扎卡（Xhaka）内收，弱侧中后卫霍尔丁（Holding）在接到球后可以轻松地找到处于边路的科拉希纳茨（Kolasinac），或者在前场因防守方中场（蓝色 8 号）向原先强侧移动后为边锋的奥巴梅扬（Aubameyang）打开的走廊。无论是直接接到边后卫或者通过边前卫的连接得到传球，都很可能让弱侧边路形成进攻方边后卫和出现边前卫 2v1 防守方边后卫的情况。

细数当今欧洲各大豪门的门将位置球员，几乎已经见不到一个不具备脚下出球能力的人选了。正是因为很多教练提升了球队的由后向前能力，甚至希望对手在本方开球门球时采用高位逼抢。高位逼抢的战术会让防守方的后场拥有更多可以被探索的空间。在这样的前提下，像瓜迪奥拉和克洛普这样崇尚 4-3-3 阵型的教练开始把第一条高位防守线后移。2018-2019 年英超赛季里，"蓝月亮"和"红军"一直是英超冠军的两大热门。可以看到，在整个赛季的高位逼抢战术里，他们多数都等对手中后卫拿球推进到大禁区线后才开始逼抢，而不是一开始就对门将施压。这样的战术虽然降低了防守线，却可以让对手的门将更少地参与到由后向前的渗透里，进攻方缺少了门将的参与就从 11 人变成了 10 人。

提供传球选择

在后场向前渗透的时候，持球者的每一个举动很大程度上取决于队友的接应和移动。有效传球路线的存在决定了向前推进的成功率。这里无球跑动的重要性不言而喻，在足球场上哪怕是核心队员90分钟中的持球时间也大多在200秒，而其余的超过80分钟时间里球员必须学会如何无球跑动，需要球员通过不触球的方式去影响比赛，这也是现代足球的特点之一。

● 中后卫拿球时的传球选择 ●

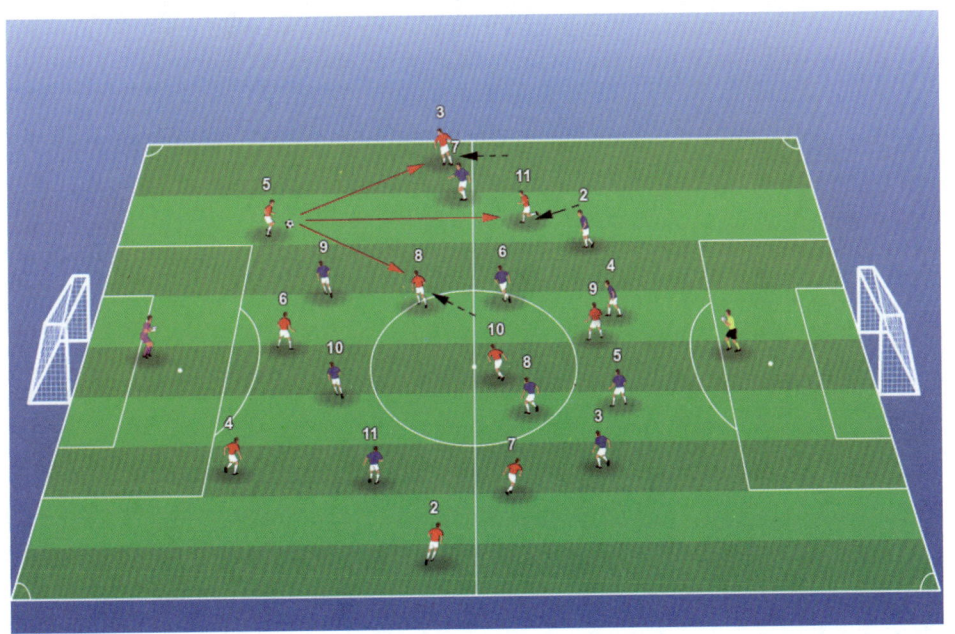

中后卫是在后场的第一个外场球员组织者，很多进攻战术设计都是以中卫拿球开始进行的。双中卫直接传球更多是意图撕扯对手的横向距离，但平行的传球对于进攻渗透来说意义不大。传球质量可以通过在接球者接到球之后，有多少名防守球员处在球后的位置这样的量化方式来评判。因为足球比赛最终的进球，就是把对方11名防守队员全部置于球后的位置。首先，中卫的第一个传球选择是中场后腰（红色8号），因为这是球向前传送中距离中后卫最近的队友。第二和第三条传球路线就在于中路回撤的边锋球员（红色11号）以及边后卫（红色3号）。这里之所以优先边前卫，有两个原因，其一是边前卫的位置更靠前，这样的传球更具渗透意义；其二是在进攻渗透过程中，先中后边一直是一个重要的原则。因为当球发展到边路，防守队员更容易去收缩阵型到强侧，以此减少防守空间。但如果当球传到中路并致使防守队形向当中靠拢，这个时候再分球至边路所获得的空间就天差地别了。不难发现，持球者和3个接球点在此时形成了一个菱形。

在足球场上哪怕是核心队员90分钟中的持球时间也大多在200秒，而其余的80余分钟时间里球员必须学会如何无球跑动。

● 直接传球至边路 ●

边路是空间经常出现并且不易受四面包夹防守的地带，也是防守方逼抢战术的常用设置点。因为边线外虽然没有防守队员，但也同时限制了进攻的支援。如果中后卫（红色5号）的第一选择直接给到边后卫（红色3号），并且对手的横向移动足够迅速，那么当左后卫不能够及时拿球向前，打开身体去越过对方右边前卫的时候，回传就成了最有可能的选择。这个时候的传球路线对于球队整体进攻的意义不大。甚至当对方前锋（蓝色9号）处于合适的距离并能够干扰本方中后卫时，持球方就会掉入高位逼抢的陷阱里。

对于防守方来说，减少空间一定是原则之一。过早让球发展到边路会相对让防守队员创造强侧变得更为简单。上图的阴影部分变成了一个潜在的5v4防守局部，在缩小防守面积后，防守方的人数堆积会变得更加容易。

先中后边所创造的空间

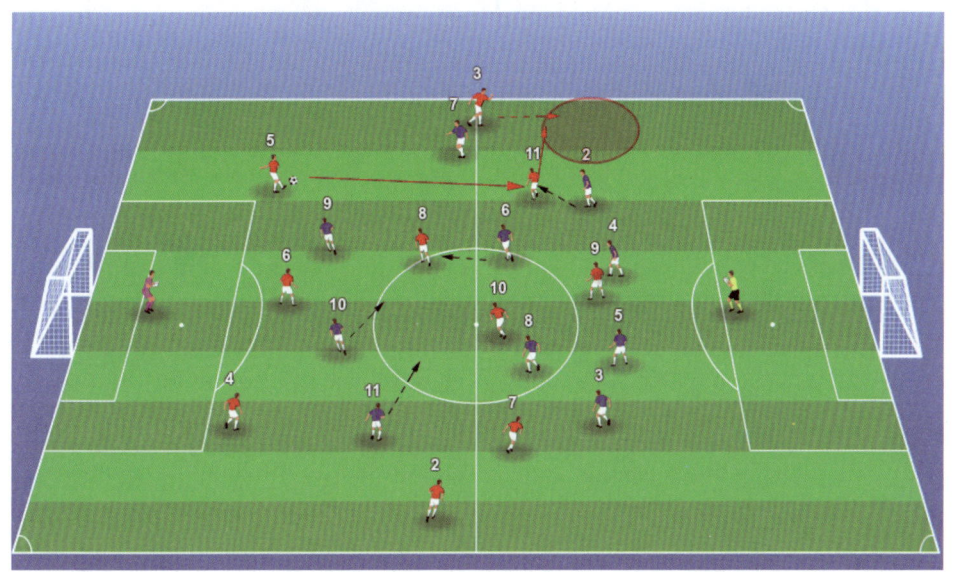

当防守方边前卫（蓝色7号）将注意力放在强侧接球边后卫时，往往中后卫直接将球传向边前卫的走廊会被敞开。这条传球路线使得在边前卫（红色11号）接球后，整个前场防守方的球员都会处在无效的防守位置（相对接球者离本方球门更远的地方）。此时，绝大多数情况下防守球员只能选择适时回落。如果此时边前卫的连接传球成功地给到前插的边后卫，那边路就是一条宽敞的"高速公路"了。

在前章节的连接传球破高位逼抢中也提到过，这里边前卫所起的连接作用也可以出现在强侧后腰8号身上，但有一个前提就是边后卫不能过早前插，以此来降低连接传球的难度并且预留出前插空间。

从横向视角分析，在接应持球者的过程中，进攻方球员的选位也不能重叠。例如在上图中，强侧后腰（8号），边后卫（3号）以及边前卫（11号）的纵横向选位都不会与持球者形成三点一线。

 先中后边： 持球进攻的球队通过将球往中路的渗透传递，吸引防守者向中路收缩阵型，并利用此时所制造的边路空间。

3v2 直接传球至边后卫

相似情况下,因为防守方前锋(蓝色9号)位置更靠近中路,左中卫带球向前时(红色5号)进攻方就可以在局部形成3v2人数优势。这个时候,直接寻找边后卫就可以作为破局和渗透的选择了。当防守方边前卫(蓝色7号)决定直线移动对持球中后卫(红色5号)施压,进攻左边后卫3号就可以回撤创造接球角度,并且利用第一脚触球使身体向前,当其控制好球向前推进后,防守方的中前场球员都会处于无效防守位置。

这样的战术在对方双前锋逼抢时会更多发生,原因则是防守第一条逼抢线时,因为人数不足导致对宽度的覆盖不充分。在进攻方边后卫接球后,前场的进攻球员也需要再次提供从中场渗透到前场的选择。进攻方前锋和弱侧边锋(红色9号、7号)可以提供深度的传球选择,强侧的边前卫(红色11号)则可以提供2过1或短传的选择。

中后卫直接寻找前锋

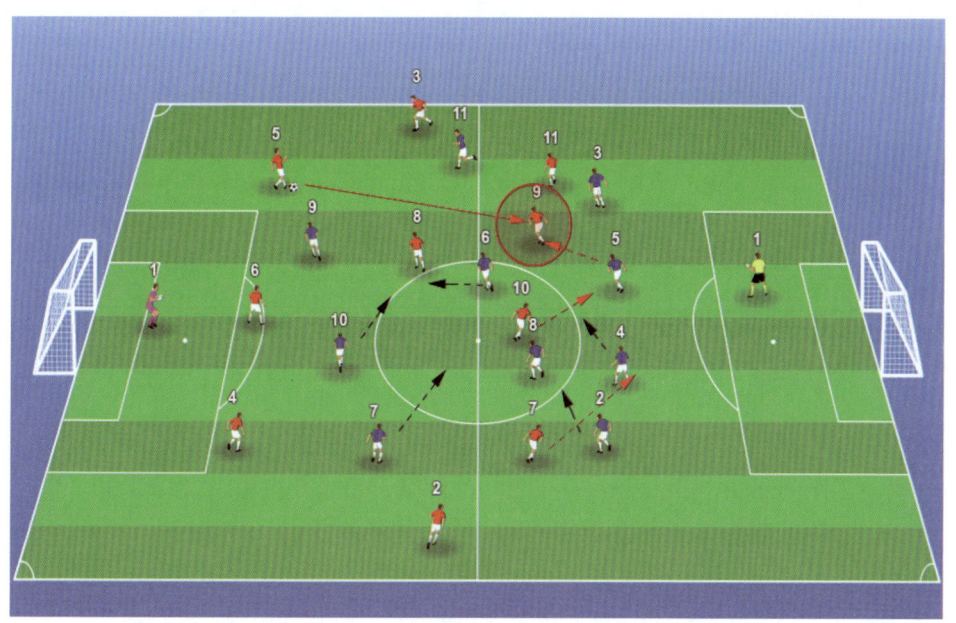

中后卫直接寻找前锋的情况不仅限于长传打身后，进攻人员不同位置的对换也是创造空间的一个重要手段。如图所示，如果防守方的中场后腰球员（蓝色6号）决定跟随并施压回撤的进攻方8号后腰，对方中场和后防线四人间的传球空间就被创造出来。进攻方前锋（红色9号）就可以利用中路的空间回撤接球，为持球者提供渗透性传球的选择。但为了保持球队的纵深，并避免由于本方前锋的缺失，让对手后防线前提并利用越位规则缩小防守空间，在中锋9号回撤时，前腰10号一定要前插来保持整体进攻阵型的平衡。这样的无球跑动能够在比赛中干扰对手两个中卫在瞬时想要前提防线的决定。距离球更远的地方，弱侧的边前卫（红色7号）也可以向深侧移动来影响防守方的移动选择。

此时的三个接球者变成了强侧的前锋9号、边前卫11号以及边后卫3号。这三个人与持球者形成了新的菱形体系，而强侧后腰则为了吸引对手的6号防守队员，出现在了一个相对没有太多渗透意义的位置。

拖后中场拿球转边路

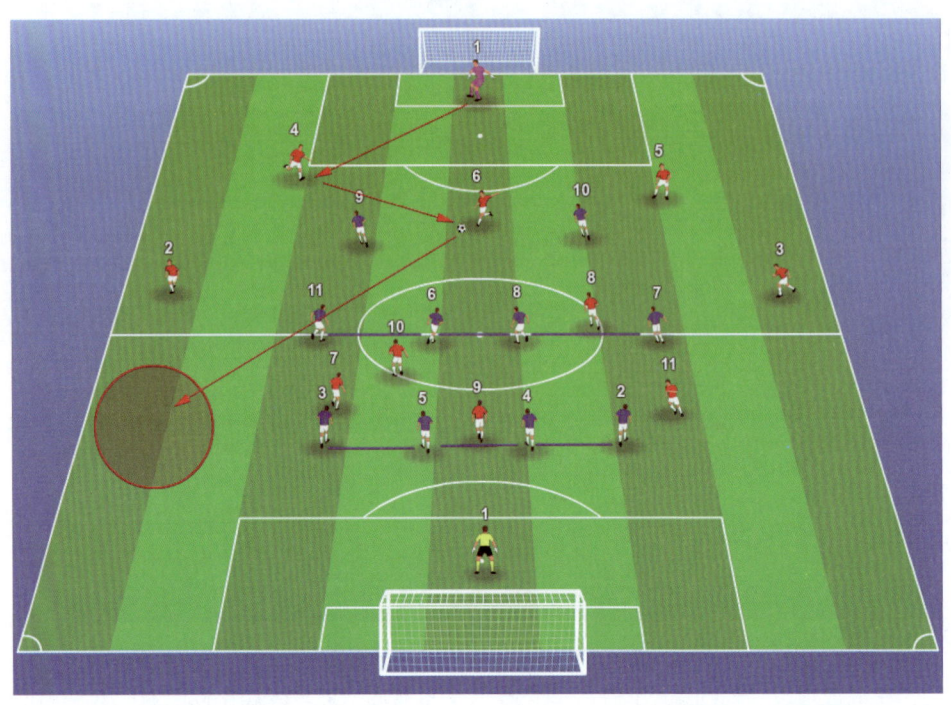

　　进攻的选择有很多，在比赛中要做出正确的选择不能只根据自己球队的特点，每个对手都会有自己的防守策略，同时也会伴随着一些漏洞和缺陷。

　　在中后卫把球成功地交给拖后中场后，球队还需要一次传球，真正进入中场或者进入对手的 30 米区域，也就是由后向前进攻第二阶段至第三阶段的过程。在这幅图片中，防守方选择了 4-4 两条线相互之间纵向与横向距离的控制，注重对于中路的保护，这个时候进攻空间就会存在于边路。此时，进攻方右边前卫（红色 7 号）的选位也很重要，活动于防守边后卫（蓝色 3 号）的内侧，借此去吸引对手内收，创造出边路的空间。

　　值得一提的是，由于进攻方拖后中场 6 号处于接近对方双前锋平行的位置，保持了潜在的由攻转守时中路的局部人数优势，所以进攻方两个边后卫可以选择较高的站位。攻守平衡的概念可以在这一战术点上体现，更多的教练已不再将由攻转守的重点放在丢球后的 6 秒内，而是在设计进攻路线的时候，已经开始考虑到在最容易被对手反击的地点保持布防和人数优势。

> 更多的教练已不再将由攻转守的重点放在丢球后的 6 秒内，而是在设计进攻路线的时候，已经开始考虑到在最容易被对手反击的地点保持布防和人数优势。

拖后中场拿球寻找中路空间

相似的一个画面，防守方的边前卫（蓝色11号、7号）因为想要靠近进攻方边后卫，所以站在更宽的起始位置上。此时蓝方球员形成的中后场中路更像是由四个后卫和两个后腰组成的4-2连线，因为防守双后腰的优先任务一定是先封堵进攻方前锋与前腰的接球路线。当进攻方前腰10号内收站在两线之间，加之右边后卫2号的前插，右边前卫7号和持球者的这一条传球走廊就可以被打开。毫无疑问，在边前卫7号触球的时候，强侧防守边后卫3号会立马前干扰。这个时候隐蔽于两线之间的前腰10号从拖后中场拿球时的无效选位变成了有效选位，并且在接球时可以处于面对球门的身位。

这里提到一个球员选位的概念。在足球场上，进攻方除了持球者外的其余10人不需要在每一刻都处在一个有效的接球位置，延时有效接应点的概念也非常重要。笔者倾向于这样去定义延时有效接应点，在第一持球者控球时的无效接球位置，但在将球传给第二持球者时，转化为有效位置的接应点——往往这样的位置更容易被防守队员疏忽，从而获得空间，之后的"第三人跑位"章节会再次强调这一点。

 延时有效接应点：
在第一持球者控球时的无效接球位置，但在将球传给第二持球者时，转化为有效位置的接应点。

中路人数优势的创造

"得中场者得天下"这句话被大多数人所熟知,所以如何在中后场持球时瞬时创造出中路的人数优势,成了很多教练绞尽脑汁去研究的战术。在 4-2-3-1 阵型回撤拖后后腰从后向前对阵四中场组成的逼抢的起始阵型里,中路的一个 2v2 人数对抗画面。常规的战术设定是让一侧的进攻边前卫回撤到中路,利用对方边后卫盯防不到位的时间点来形成第一阶段后场到第二阶段中场的推进。也正是这种战术盛行于当今的世界足坛,我们看到了边前卫的位置不再由传统边路一对一出色的速度型球员来胜任,而像大卫·席尔瓦这样类似前腰的 10 号位球员更多地出现在传控球队的这一位置上,被称为"内锋"。

战术革新大师瓜迪奥拉来到英格兰超级联赛的第一个赛季里,创造了一个让世人倍感意外的战术,那就是让边后卫移动至中路来创造人数优势。

由后向前：边前卫内收创造中路人数优势

　　边前卫内收接球的战术在很多球队的战术体系里变成了常规内容，也正是因为这样的一种潮流孕育了很多逆足边前卫。在后场三人拿球时，进攻边前卫的起始站位接球路线往往会被防守边前卫所封堵。从整体战术角度去考量，边前卫 7 号回撤可以由强侧的边后卫（红色 2 号）高速前插来触发，因为这可以在短时间内，利用对手强侧防守边前卫和边后卫（蓝色 11 号、3 号）的防守交接来为队友创造空间。有些防守体系里，防守边前卫会一直跟着前插的进攻边后卫，另一些球队在设置防守战术时就会采取区域交接的方式。

　　在对手边后卫没有及时压上的情况下，回撤到中路走廊接球的边前卫（红色 7 号）可以拿球转身后，将球队的进攻从后场控球推进到中场控球。当然，在对手边后卫紧跟回撤到中路的边前卫时，中路的 3v2 就变成了 3v3。这时强侧的进攻中场 10 号需要回撤并提供回传球的选择，而弱侧的中场 8 号则需向前插，提供延时有效接应位置并带走防守弱侧后腰。利用连接传球，边前卫回撤能够起到后场三人与靠前两个中场的串联作用，因为在此之前持球的强侧中卫（红色 4 号）无法直接寻求到与中场（红色 8 号、10 号）两个队友的连接路线。接到连接传球后的 10 号中场，会有前锋和弱侧中场两个距离较近的传球选择点，并尝试利用中路渗透的进攻方式推进到对手的 30 米区域。

　　或是在对手边后卫 3 号紧贴进攻方回撤边前卫 7 号时，中后卫可以直接选择对手边路身后的空间找到前插的边后卫 2 号。

由后向前：边后卫内收创造中路人数优势（瓜迪奥拉）

成功推进指的是将防守球员置于相对于球更远离防守方球门的位置，而进攻方持球队员则在此时持球面对进攻方向。瓜迪奥拉的反向思维一直流传于世，在防守方边前卫更注重于封堵进攻边前卫接球路线的条件下，边后卫收到中路往往会让防守方猝不及防并创造出进攻方的成功推进。在强侧中后卫拿球的时候，左边后卫德尔夫（Delph）收到原先后腰的位置提供传球选择。在德尔夫（Delph）可以拿球转身向前时，进攻可以顺利地推进到中场，或者在他无法转身时通过连接传球，找到弱侧中场德布劳内（Bruyne）。强侧的中场席尔瓦（Silva）则可以向前跑动，提供在对手两线之间接球的选择。

在进攻的无球跑位方面，与之前边前卫内收战术不同的是，此时的强侧中场席尔瓦（Silva）需要前移为队友创造出空间，弱侧中场德布劳内（Bruyne）则需要回接提供传球选择。面对这样的跨区域换位，防守者在场上很难做出及时的反应，如果防守边前卫（蓝色7号）选择内收，那边路空间就会暴露并给到对手边锋接球的空间。

由后向前：边后卫内收创造边路 1v1

当中路失去空间时，边路的空间就会相对更多一些。在防守方采取对进攻边后卫人盯人防守的时候，防守方边前卫（深蓝色 7 号）会跟随着内收接球的边后卫德尔夫（Delph）进行移动。在中路形成 3v3 的局面后，这也意味着进攻方获得了边路空间，这时强侧中后卫与边前卫之间的传球路线就没有任何阻挡了。左中卫拉波尔特（Laporte）接球后可以将球直接交给左边前卫萨内（Sane），在其接球转身向前推进时，球队的进攻已经成功地跨越了对手的中场线和前锋线。到达对手的 30 米区域后，边前卫可以在边路获得与防守边后卫 1v1 的机会，这也正是萨内（Sane）个人能力最大化的区域。

长传球

长传球的由后向前是每支球队在获得球门球机会时都会使用到的方式。在很多情况下，这样的选择是安全简洁的。例如：当对手把三条线的整体阵型提得很高时；当球队刚经历了对方长时间的 30 米区域围攻后；当对方球队的高位逼抢特别出色，本方的后场球员刚在从后向前过程中出现失误，球队需要一些时间平复心理状态时；当球队在前场拥有一个很出色的高空球争夺者时。足球战术是千变万化的，所以门将需要根据场上的每一个细节来选择开球方式。

毫无疑问，长传球也包含着很多细节。

● 球门球强侧长传 ●

通常门将直接选择长传球时，会通过摆球的位置和手势告诉队员球要去的方向，整体的队形也会朝一侧移动。但防守方通常处于较有利的争顶方向，因为球员是正面面对来球，并且在防守后场的各个局部区域，人数上是占有优势的。这个时候对于进攻方来说如何控制对二点的保护就至关重要了。

曾经在山姆大叔阿勒代斯的哲学里，每场比赛准备期中都可用数据找出每一块球场球门球长传的成功率来决定门将的长传球方向。而在长传球发出后，必定会有一个球员向对方防线身后冲击，伴随着其他球员在更靠近本方球门的方向去试图控制二点球。同时，也有一些球队在执行长传球战术时形成 4-2-2-2 阵型，以此来保证中路区域的安全性和对于二点球的保护。

● 球门球长传不创造强侧 ●

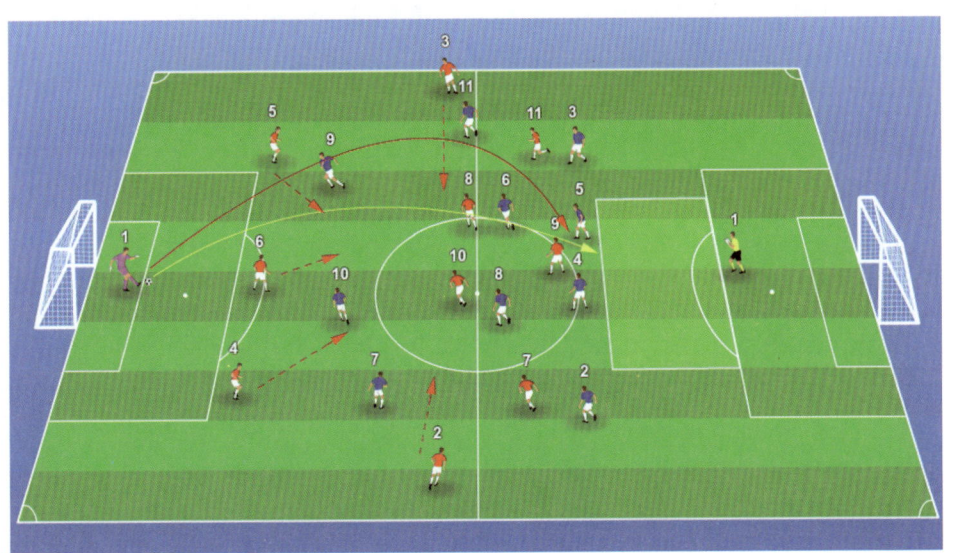

另一种长传球方式的起始位置与地面渗透的方法更为接近,进攻方球员按照地面渗透的起始站位吸引出对手的高位逼抢。当防守方把阵型压到较高的位置时,门将的远距离制导往往能够让进攻队员获得更多的空间去争顶,同时削弱防守方的人数优势。通过与上图的比较,可以明显地看到此时防守方4人暴露出的身后空间。

每一个足球战术中一定存在着机会成本,也就是为得到某一利益而放弃的另一利益。在这里,由于进攻阵型被拉开,如果传球出现失误,对方的反击也一定会更具威胁,所以在长传球后球队向强侧的及时靠拢就变得非常重要。

2018-2019年赛季曼城队在与哈德斯菲尔德队的联赛第一回合对阵中,一个看似可笑,却又让人不得不佩服哈镇队时任主帅——大卫·瓦格纳的进球。由于太过于注重对高位逼抢的执行,哈德斯菲尔德队的整体阵型压得很靠上,而曼城队门将埃德森在开球门球时运用自己的长传能力直接寻找到前锋。其实曼城队在2017-2018年赛季对阵阿森纳队的一场联赛杯决赛中,阿奎罗也进过类似的球,当时阿森纳队用3-4-3的高位逼抢阵型,当门将长传球直接过顶穆斯塔菲后,阿奎罗就直接面对门将轻松破门了。

解球
你所看到的 90 分钟

进攻阶段:
中场渗透

经过一阶段的由后向前组织，当中场任意一个球员拿到球权以后，进攻就进入了下一个阶段——中场渗透。往往在这个时候，球员要面对对方的中场和后卫两条防守线。虽然最终的目标是射门，但此时更现实的概念是"如何创造出最后一传"。

进攻空间划分

"空间"在每一个进攻的主题里都是至关重要的，球员需要根据对手的防守阵型去发现空间并决定进攻方向。将这一切与观看比赛的能力相连接，我们可以从纵向和横向两个角度去定义足球场上的空间。

纵向空间划分

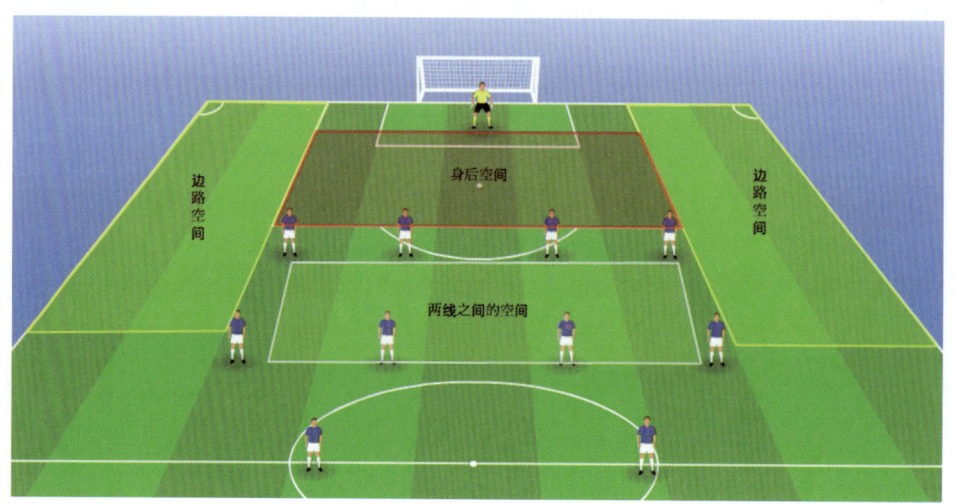

以4-4-2防守阵型为例，进攻方在每次持有球权的时候，需要去探索和利用对手的三种纵向空间。当对方中路两线之间距离较大的时候，在白框区域内利用中锋、前腰或者其他球员在这个空间的接球去创造最后一传；或者在对手为了保持两线空间，后防线前提时直接寻求身后的接球空间。红框区域内的有效无球跑动可以直接创造出最后一传的选择。第三个区域就是边路了，在防守方边前卫以及边后卫都保持在中间区域紧密中路防守时可以被利用，这片区域是将传中转换成最后一传的重要地点。

足球场的所有空间不可能被完全覆盖，根据对手的防守策略选择并创造空间是进攻要点。这也正是战术的意义所在。

• 横向空间划分 •

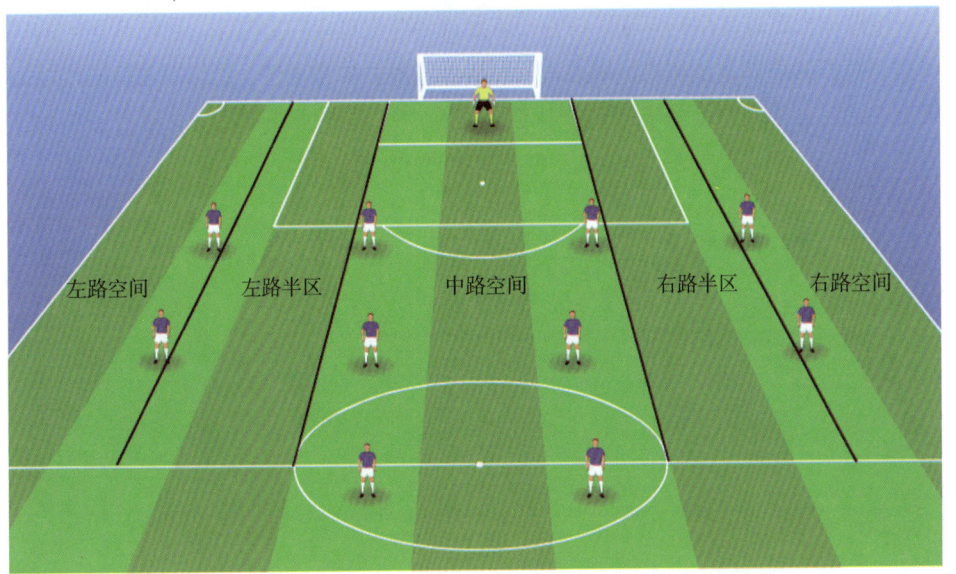

为了体现横向面积，我们把 4-4-2 阵型的防守球员相互间距离放大。在防守边后卫外侧的区域为边路的空间，而介于边后卫以及中后卫之间且在对手中场线之后的区域就是所谓的半区了。在这一区域接球，防守中后卫会顾及身后前插的前锋，因而不敢轻易施压，而防守边后卫在前顶半区进攻方时会损失对边路的保护。所以，半区也渐渐成为阵地战传控球队最喜欢利用的地方，并且在半区接球可以更大程度地威胁到防守方的肋部身后空间。4-3-3 阵型的兴起很大原因在于两个进攻型边中场对于两侧半区的利用，而 4-2-3-1 阵型中的前腰更多地只能去探索中路空间或者一侧的半区。

根据对手阵型和防守风格的不同，进攻的方法可以根据球场区域被分成许多种。本章中会更多地举出一些常见的方法和概念。

（1）中路渗透。

（2）边路渗透。

（3）利用身后空间。

中路渗透：中锋支点

中锋作为进攻阵型的伞顶，在整个阵地战中存在进攻的指向性。往往 9 号位的球员有着良好的身体素质和对抗能力，而背身做球能力的重要性，是可以与其射门能力相提并论的。很多时候由于防守方中场的过度密集，进攻横向转移无法带开对手防守空间，这个时候纵向的交叉换位成了打乱对方防守体系的关键。

● 中锋回撤拿球：转身面对球门方向 1 ●

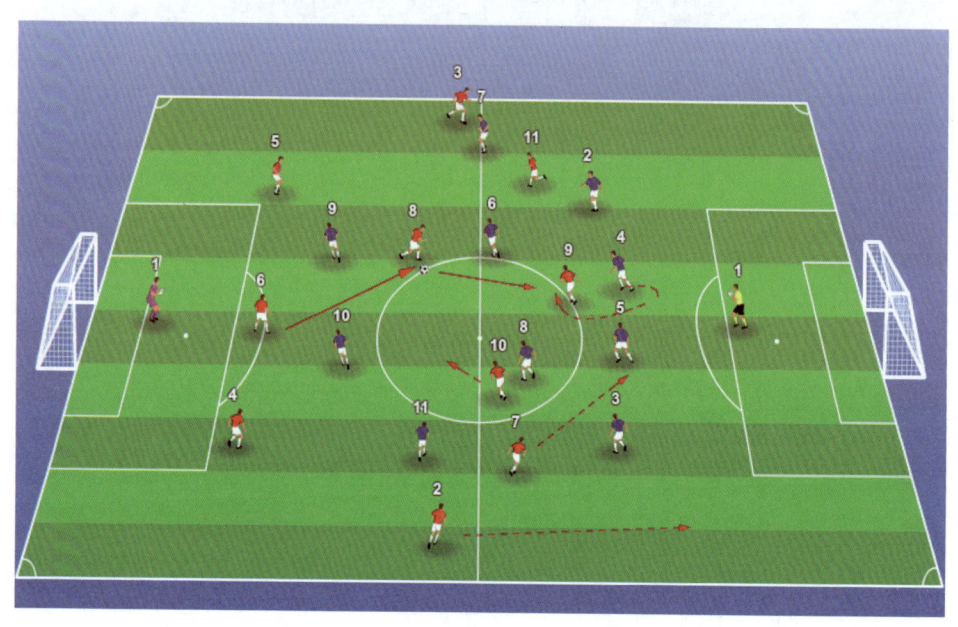

进攻球员在防守方中场线和后卫线两线之间的位置拿球是极具威胁性的，因为后防线球员在顾忌身后空间时不会轻易地上压，而中场又处于非门侧的防守位置，需要时间回追。当后场球员把球传递给中场接球者的时候，9 号中锋可以做出相应的移动来利用对手两线之间的空间。

这里有两个细节需要提及，一个是中锋的移动方式，另一个则是触发点的概念。中锋式的移动不仅仅是简单直线回撤，而是先向进攻方向移动，然后再次撤回到对方中场和后防线之间的位置。因为在通常情况下，中后卫（蓝色 4 号）是紧贴中锋的，单向移动很难拉开双方间的距离并创造出接球空间。这一战术需要球周围的队员一起整体移动为中锋提供空间。弱侧边前卫 7 号的前插限制对手后防线前提并创造进攻深度，边后卫的前插让对手边后卫面临内收或者外扩的选择，前腰 10 号的接应意在拉开防守双后腰与后防线距离。这一切都要在同一触发点发生。

2019 年欧洲杯预选赛，德国队客场挑战荷兰队的比赛里，勒夫就将所谓的"中锋"格纳布里用到了极致。在 3-4-1-2 阵型中前锋格纳布里不停地和前腰格雷茨卡进行交叉换位并回撤接球组织进攻，带给当时的两大优秀中卫范戴克以及德里赫特很大的麻烦。

战术触发点意味着在某一个特定时间点，队友之间根据对方所处的地点和情况作出反应。这里，中锋不仅要等到拖后中场 6 号拿球，还必须要确定他能够拿球转身并面朝进攻方向，这时的移动才不会被对方及时跟随。如果这个移动的时间点晚了半秒，可能对方的后腰 6 号就会封堵住这一条传球路线。这也可以理解为我们时常描述的球员间的默契，一个眼神或者一个肢体动作都可以形成互相的理解，但重要的是训练覆盖，不是仅仅靠队员之间自然形成的默契。

足球场上在没有球员被罚下或者受伤的情况下一定是 11v11，所以从理论上来说整体的人数优势不可能存在，但通过进攻球员的移动可以创造出局部、短时间内的人数优势。在这短暂的半秒至几秒时间内会有防守队员处于无效防守位置，这一段黄金时间是通过预设战术和特定跑位形成的，进攻方可以利用防守队员的被动反应时间差去创造优势。

战术触发点：
在某一个特定时间点，队友之间根据对方所处的地点和情况作出预设的战术反应。

中锋回撤拿球：转身面对球门方向 2

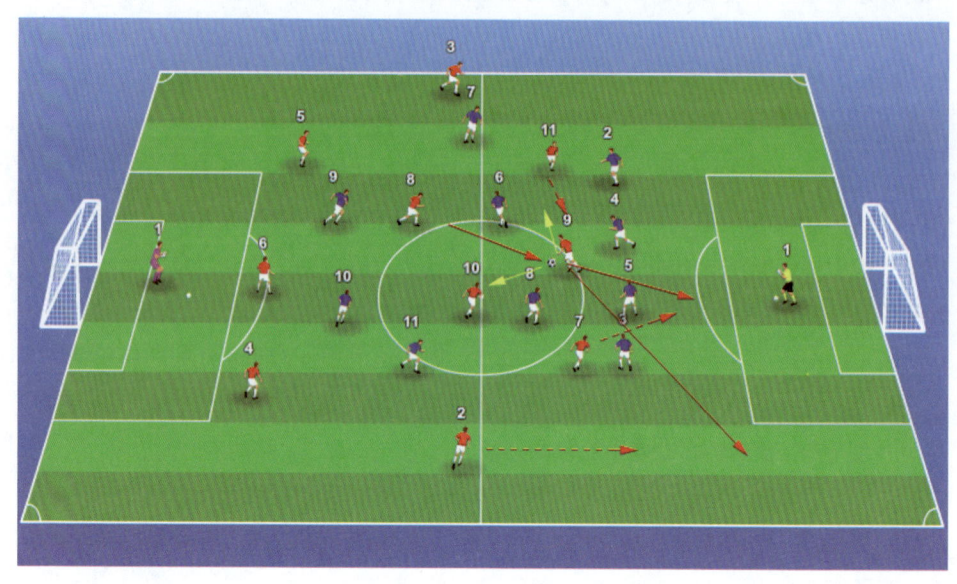

当中锋获得球权时，对手的防守力度和队友的传球质量决定了他是否能转身面对球门。当 9 号回撤领球转身后，很重要的一点是必须有队友向深处移动，借此为中锋创造出最后一传选择，也就是形成射门传球的路线；或者右边后卫 2 号的适时前插也可以在其转身时在边路给到选择。总体来看这一战术，起始右边前卫和前锋做出了一个纵向换位。换位的意义在于，比起进攻球员的自由换位，防守方很少会愿意进行被动的位置交换。很少有球队会选择让中后卫跟着对方前锋去到中场，因为这样后防四人之间的距离就无法保持。防守在大多数情况下还是有分配区域责任的概念，所以灵活的进攻换位可以创造出空间。

如果中锋拿球不能转身或者拿球的空间太小，那么前腰 10 号和另一侧边前卫也必须起到接应的作用，俗称"露头"。进攻的方向不一定要一直向前发展，回传有时也是创造空间的重要方式。教授温格曾经在一次采访中说过："2003-2004 年赛季阿森纳队在英超的所有进球，其中有超过 50% 的过程中包含了至少一次回传球。"瓜迪奥拉曾经也说过一句富有哲理的"话"——我们用回传进攻，用向前传球防守。

中锋回撤拿球：串联前腰

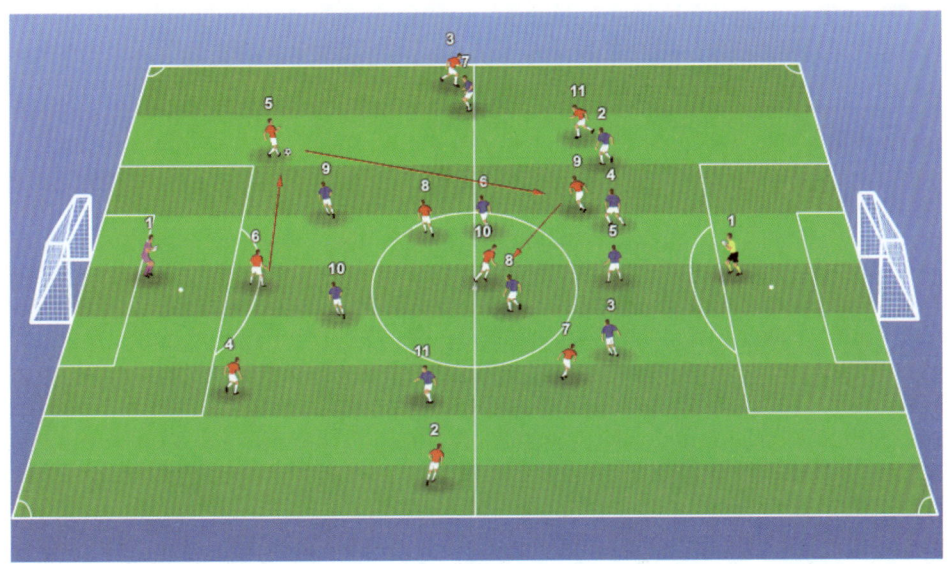

在面对密集防守时，后场持球者想要直接找到中场后腰或者前腰会是一大难题。同时，中锋的回撤在比赛中也可能伴随着对方防守中后卫的贴身跟随，难以持球面对进攻方向。特别在单箭头阵型依旧为主流战术的当今足坛，通常都是2个中后卫对上1个中锋（2v1）的局面。所以利用中锋的回撤和回做球是激活前腰，延时有效接应点的重要一步。前腰位置的球员绝大多数拥有最后一传的能力和强大的空间感，一个优秀的前腰一定会耐心地隐蔽在对方的中场线和后防线之间，因为当他在那里接球时，防守方的所有中场球员都已经处在了无效位置。

9号中锋在画面中依旧要选择适当的时间点，等待持球中后卫获得与他的传球路线后，移动到两线之间的空间并调整身位回做来球。此时防守中后卫（蓝色4号）的盯防通常是优先防止前锋转身面对球门，回做球的空间不会被即刻封堵。10号前腰也需要在中锋回做时前插到适当位置，过早地进入两线，只会让自身在持球时收到防守方后腰的干扰。在接到来球后，正面球门的前腰10号就很有可能找到最后一传的路线。

中锋回撤拿球：串联前腰后的盲侧跑位

正面对球门的 10 号前腰会获得很短的一个时间段去处理最后一传。此种情况下，选择传两个防守中后卫之间的空档是难度最大的选择，但是前锋 9 号必须要往那里无球移动，去影响防守方 4 个后卫对于中路的保护。这里需要强调的是，边前卫的前插起始位置是在对方边后卫外侧，这个时候可以运用盲侧跑位战术。因为当对方防守队员看向球侧时，他身体另一侧被称为盲侧，这也是斜向传球具有较大威胁的一个原因。在这一战术当中，边锋的启动时机非常重要。如果启动早，边前卫会造成自身越位情况，启动过晚则会面对对方弱侧中后卫的补位而丧失接球空间。

> **定义** 盲侧跑位：
> 进攻队员利用相对足球所处的防守队员的弱侧位置，进行无球移动。

中锋回撤拿球：第三人跑位1

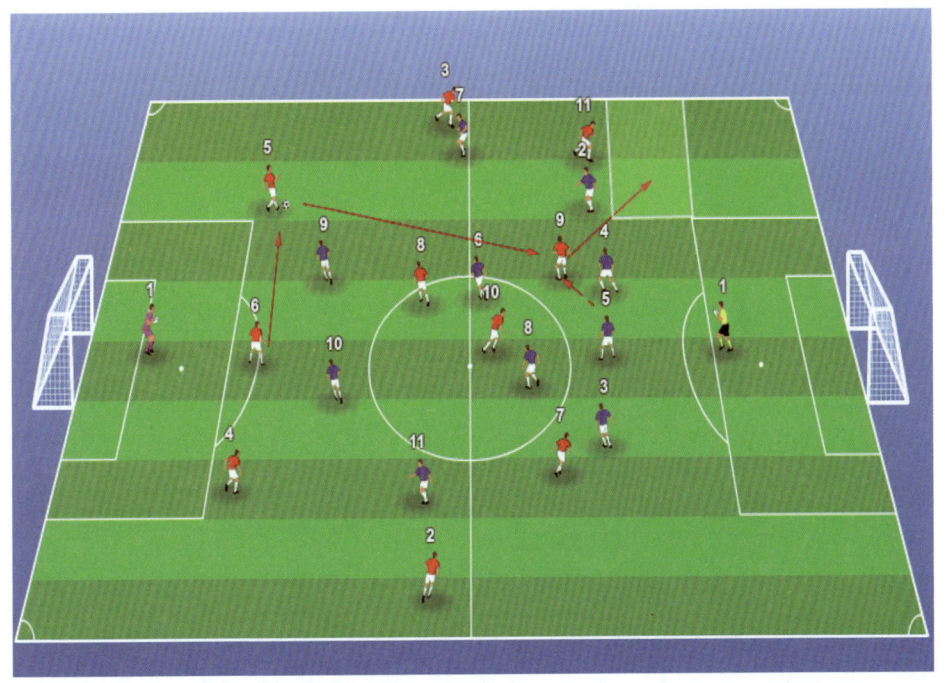

　　除了前锋回撤可以转身和不能转身回传球的两种情况，前锋获得的空间也可能处于两者之间，即来不及转身但有时间侧身。这个时候，如果边前卫11号的起始位置和防守边后卫（蓝色2号）持平，那就有了利用第三人跑位接身后传球的机会。

　　前锋（红色9号）在对方的中场线和后防线之间拿球瞬间，边锋（红色11号）已经开始启动准备接应。传球的线路可以利用对方边后卫和中后卫之间的空间，以此来让接球者得到球权时处在防守边后卫的身后位置。如果这一次的传球能够在两次甚至一次触球的条件下完成，那成功率就会很高。越短的处理球的时间，越能提高对方对于这个球的防守难度。当然前锋在狭小空间里第三人传球的技术动作并不需要像定式一样地用内脚背，哪怕只是一蹚、一挑都可以作为很出色的选择。奥利弗·吉鲁和伊布拉希莫维奇都是中锋回撤创造第三人传球的典范。

　　进攻时两个人的传球往往无法体现出持球者的先手优势，而通过第三个人跑位的战术可以达到这一目的。也就是说在 a 传球给 b 的同时，c 已经启动准备接应 b 的传球，这样的预设性跑位模式往往能让防守队员措手不及。

> **第三个人跑位：**
> 当进攻持球队员传球给第二个队员的同时，第三进攻队员已经启动准备接应第二个队员的传球的预设性跑位。

中锋回撤拿球：第三人跑位 2

在左边前卫 11 号接到 9 号中锋传球同时，最理想的状况就是利用第一脚触球去获得内切射门的角度、空间或时间。但是如果对手的边后卫 2 号处于有效防守位置并阻止了这条线路时，那进攻方 10 号前腰、远端边前卫 7 号就需要在禁区里提供传中选择。与此同时，前锋 9 号可以覆盖大禁区弧的位置去创造进攻的层次感。后场球员需要收紧阵型，以此准备潜在的由攻转守。

中路渗透：边锋内收

在现代足球的阵型宽度保持上，边后卫承担起了更重要的责任。以往更多的教练为了保证后场人数优势，会在进攻时要求一个边后卫拖在深处来准备由攻转守，然而现在很多教练在确保控球权的前提下开始让两个边后卫一起加入对方 30 米区域的进攻。这样的设计也让边前卫或者边锋不再踩着边线踢球，也出现了很多逆足边锋。德国队的 2-3-5 阵地战进攻阵型把两个边后卫推到前场 30 米区域，最大限度地压制了对手的阵型，并在 2014 年获得了世界杯冠军。然而，边锋内收不仅在进攻上可以增加中路的选择，由攻转守时也能更好地保护中路。在欧洲很多"红牛"俱乐部盛行过 4-2-2-2 阵型，在中国超级联赛（以下简称中超）北京国安足球俱乐部的施密特也是这一概念的倡导者。

● 边锋回撤拿球 ●

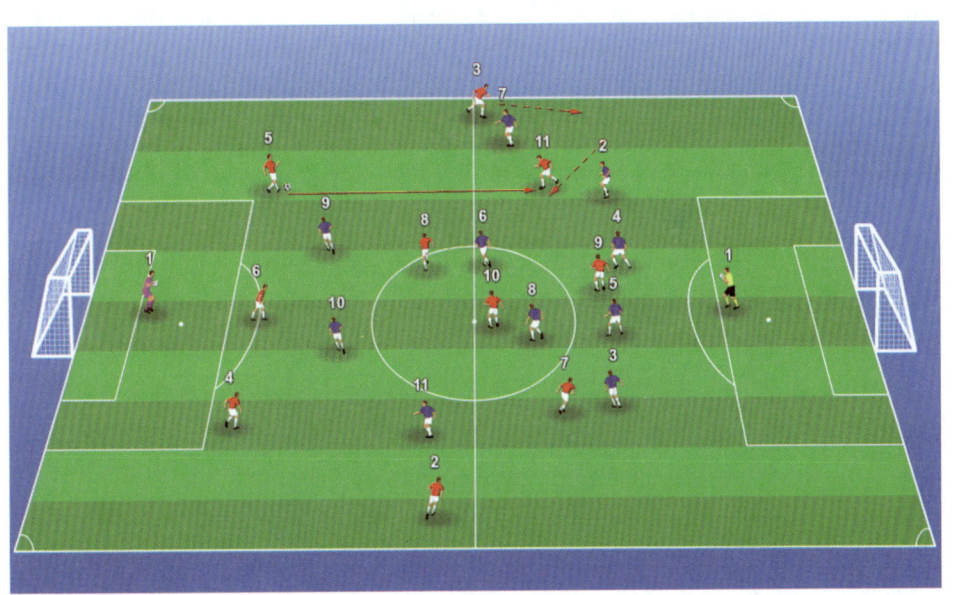

当前腰和前锋接应中场的路线都被对方封堵之后，如果防守边前卫（蓝色 7 号）被前插的边后卫（红色 3 号）所吸引，边锋 11 号也可以利用两线之间的空间内收回撤。这里需要强调的是，边锋在此处所获得的空间，首先是边后卫的前插让对方防守边前卫漏出了这一条传球走廊，其次强侧后腰 8 号也需要在纵向位置上和内收的边前卫不重叠，以防止对手后腰 6 号切断这一条线路。9 号进攻中锋则压制住强侧的中后卫。在边前卫回撤拿球后，根据他第一脚触球和停球的方向，队友需要做出不同的反应。

边锋第一脚触球向内

　　在边锋拿球向内转身之后,有着最佳的进攻视野和最有威胁性的传球选择,甚至在接球位置更靠中路或者是逆足边锋接球的情况下,可以直接选择威胁球门。如果对方没有能够及时对边前卫形成内切干扰,那在第一脚触球向内以后,中锋和弱侧边前卫(红色 9 号、7 号)需要向对手身后空间移动并做好接应最后一传的准备。同时,弱侧的边后卫 2 号也可以插上以应对球传到后点的情况,前腰 10 号也需要在两线之间接应,以应对对手后防四人紧密站位并限制边前卫传身后球的情况。

　　进攻当然需要冒险精神,但绝不是轻易地丢失球权。在足球场上,每位球员的选择能力与技术能力具有一样的重要性。面对防守方落位完成的情况,强侧后腰 8 号需要提供给持球者回传并重新组织进攻的选择。

边锋第一脚触球向外

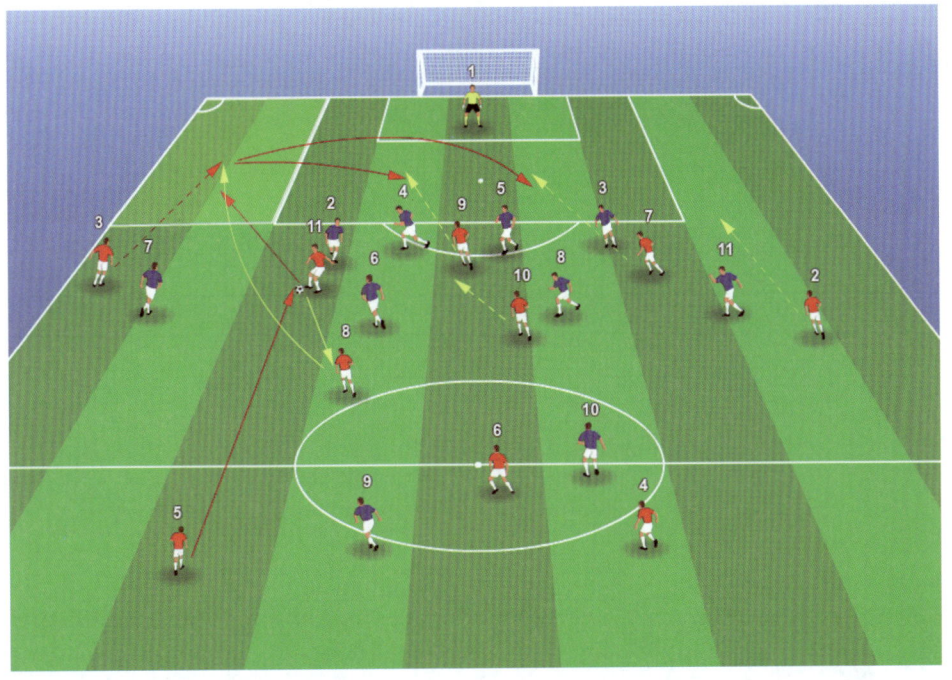

当防守方强侧后腰 6 号很快回收，并且边后卫（蓝色 2 号）已上前选择内线门侧防守的时候，回撤的边前卫（红色 11 号）只能第一脚触球向外，寻找前插的进攻方 3 号左边后卫。如果在持球边前卫第一脚触球无法向外转身或者边后卫前插还没有到位的情况下，强侧的后腰 8 号也需要提供过渡的选择，去等待边后卫前插的时间点。

边后卫插上后，前锋和弱侧边锋（红色 9 号、7 号）需要在禁区里提供传中的选择，回撤的边前卫和前腰则可以提供倒三角的选择。需要注意的是，因为进攻方两侧的边后卫都已经到达对手的 30 米区域参与进攻，那拖后中场 6 号就必须和两个中后卫在后场保持由攻转守的人数优势，而不是过度前压。

边前卫内收至中路（穆里尼奥）

进攻起始阵型因为有拖后后腰的回撤，所以在后场进攻时形成 3v2 的情况，很大程度上解放了两侧的边后卫。以往的进攻体系里，我们时常看到一侧边后卫压上，而另一侧边后卫收中防范对手潜在反击的场景。正因为在这样的前提条件下，现代足球中边前卫前所未有地提升了内收幅度。

当中场后腰博格巴（Pogba）通过边后卫的连接传球、拿球转身后，弱侧的边前卫马塔（Mata）在对手的两条线之间横向移动，甚至占据了原先前腰的位置。在人盯人防守逻辑中，防守进攻方左后卫对位的是进攻右边前卫。也正因为进攻方前腰林加德（Lingard）没有提前上压到这一个空间，所以防守方的后腰（蓝色 8 号）会被其吸引注意力而不是过早回撤。当进攻球员跨区域进行位置交换时，防守方就需要在区域防守和盯人防守概念里切换，所以这里右边前卫大幅度的内收可以带给防守球员很大的困扰。

穆里尼奥时期的曼彻斯特联队（以下简称曼联队）虽然在成绩上并不让人满意，但是边前卫大幅度内收的战术确实让所有人眼前一亮。当时，只要马塔出现在右边前卫的位置上，西班牙人几乎每次阵地进攻都会收到中路和卢卡库进行连线。甚至有时候，马塔会移动到弱侧边前卫的身边去和队友做配合，而右路空间全部留给右边后卫，无论阿什利·扬或瓦伦西亚都有着极其强大的上下往返能力。

边前卫内收至中路与中锋串联

在得到中锋卢卡库（Lukaku）的回传球后，进攻边前卫马塔（Mata）可以处在一个持球面对球门的位置。这个时候左边前卫拉什福德（Rashford）和中锋卢卡库（Lukaku）会斜插对手防线身后的空间，以给到持球者最后一传的选择。内切的边前卫在防守队员没有及时盯防的情况下，也可以直接选择射门。这里可以看出，一个左脚球员在右边前卫位置上内收接球的优势。

如果在这个画面里，防守中后卫（蓝色 5 号）盯防非常及时，让内收的边前卫失去最后一传或者射门的机会，那右边前卫马塔（Mata）可以继续带球沿左路发展，并等待这一侧队友的支援。当左脚球员从右路向左侧带球时，对球权的保护往往胜过右脚球员沿这个方向带球，因为左脚球员在面临从身体右侧盯防的防守队员时，可以更加从容地利用身体去保护球权。有趣的是，在 2018-2019 年赛季曼联的索尔斯克亚上任后也继续沿用着这种边前卫内收到中路战术。

现代足球对进攻队员的要求已不再是拥有一种武器，而是强调球员自身的技术完善性，单一的走内线或外线已不能满足当今五大联赛对球员个体的要求。在 2018-2019 年曼联的阵容里，拉什福德和马夏尔都拥有可以胜任边锋及前锋的特性，林加德和马塔也能够在前腰和边前卫两个位置间切换。不同位置的相互交错与换位是激活进攻的重要手段。

边前卫内收至中路为边后卫创造空间

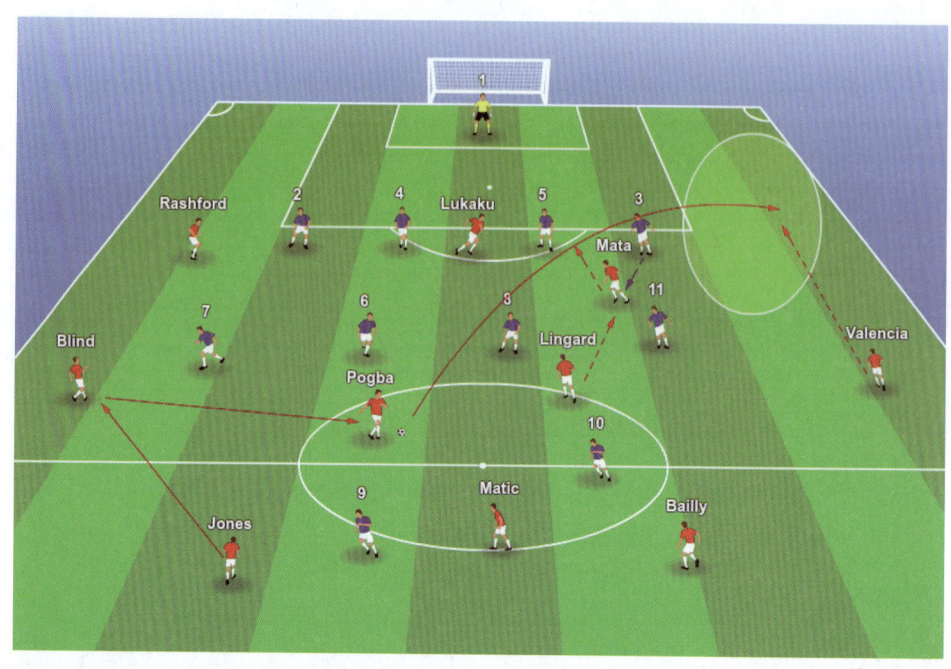

在遭遇人盯人概念比较深的防守球队时，防守方的左边后卫（蓝色 3 号）会跟着内收的边前卫马塔（Mata）一起移动，这个时候进攻方就可以利用对手在边路区域的大片空间了。需要解释的是，防守方的弱侧边前卫（蓝色 11 号）因为要优先保护中路空间，并保持中场四人互相之间的距离，所以在球向弱侧发展前不会直接对前插的进攻右边后卫形成太大的干扰。在右边后卫瓦伦西亚（Valencia）前插得球后，禁区里已经存在了三个前插接应的选择。

在传中球发生后，进攻方前腰林加德（Lingard）会去争夺二点球或者创造倒三角接球路线，而博格巴（Pogba）则需要站在更靠外的位置应对对手的反击或把握潜在的远射机会。由攻转守的准备方面，留在门将身前的三人体系则是拖后后腰和两个中后卫。进攻需要层次，由攻转守时也是如此，这也是穆里尼奥的执教特点之一。对手在拿球反击时需要面对的第一层是禁区弧顶附近林加德（Lingard）和及时回夹的前场三人，第二层是禁区外围的后腰博格巴（Pogba）和内收的左边后卫布林德（Blind），第三层才是后场三人。这样的层次分布能够避免在对手反击时只能退防而不是第一时间对球施加压力。由攻转守的瞬间，虽然身后的空间是转守方的优先保护选择，但是当可以对球施压时，"以进为退"才是更出色的答案。在这一个进攻战术的设置背后，我们不难发现防守大师穆里尼奥在很大程度上让边前卫内收进攻也是在准备由攻转守的意图，毕竟在对手反击时中路的空间才更加珍贵。

边路渗透

在当时的西班牙和巴塞罗那统治现代足球一段时间后，中路渗透被给予了很高的战术重视度，但经典的边路渗透从未消失在优秀教练的战术本中。哪怕是巴塞罗那的鼎盛时期，也会通过边路的宽度与渗透来协助最后的中路终结阶段。利用场地的横向宽度，是任何一场比赛都无法避免的进攻课题。边路渗透主要有两种战术：边路过载和斜向转移。

■ 边路过载：在特定边路创造局部人数优势

● 中锋横向移动至边路 1 ●

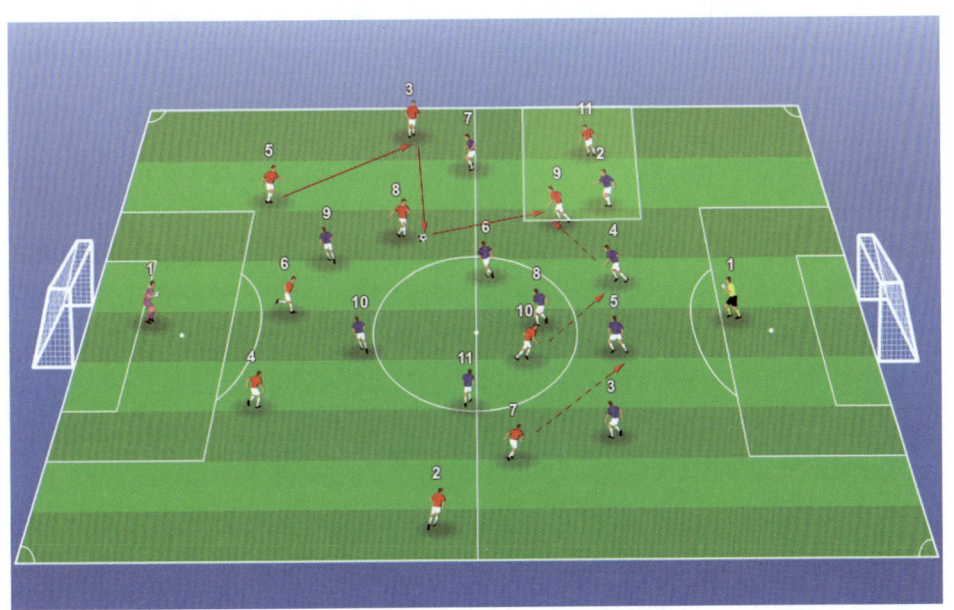

除了纵向回撤在对手的中场线和后卫线之间或者对手防线身后拿球，前锋也可以去到边路，在短暂的时间里形成局部的人数优势。这一画面起始于进攻方前腰 10 号和前锋 9 号在纵向的一个换位，当前腰前插压制对手后卫线的时候，前锋可以撤到一个原先盯防前腰的球员无法照顾到的边路位置。在这一战术的起始位置上，边前卫和边后卫纵向选位的重叠就是为了给到中锋回撤的空间。左边后卫 3 号作为一个连接中转去串联强侧中后卫和强侧后腰（红色 5 号、8 号），当后腰接球转身面对进攻方向时，中锋的横向移动会让对方的边后卫非常被动。如果防守中后卫 4 号跟出，那我们的前腰就会进入最危险的空间，而弱侧边前卫红色 7 号的坚决前插也会在瞬间让防守方边后卫陷入非常难受的 1v2 局面。

中锋横向移动至边路 2

虽然对方的后腰和前腰都可以快速回到这一块区域，但是比起进攻方中锋（红色 9 号），他们都处于离球门更远的位置。当中锋拿球转身时，弱侧边前卫（红色 7 号）、边后卫（红色 2 号）和前腰（红色 10 号）需要去利用对方深处防守空间，而强侧边前卫（红色 11 号）可以继续向深处走，以给到持球者在前两条传球路线被封堵时的第三选择。

在前锋拿球不能转身的情况下，再次回传给到强侧后腰重新组织也是必要的选择。强侧后腰在很多时候的进攻职责就像一个调度官，在进攻无法向前时一定要随时准备着提供回传选择，并寻求转移利用对手弱侧的空间。曾经的曼联队 92 班斯科尔斯和贝尼特斯利物浦队时期的阿隆索就是经典的代表。

这里可以引入一个"连接中转"的概念，也就是当直线传球无法直接完成时，第三人的一脚出球或者极短时间出球的过渡，可以通过角度的变化避开对方的防守。这其实也是 Tiki-Taka 概念很重要的部分。这样一种传球方式需要接球者很好地选择自己的身位和对于行进受压情况下出球技术能力的运用，借此来破对手的高强度防守，激活队友的"延时性有效接应点"。这个概念可以联系到之前由一名持球者和三名接球者所组成的菱形概念，或者很多教练所提到的"三角形三人选位"。形状是为了让球员更好地了解到选位时需要创造角度去支援队友，而在完成选位后也需要用适当的技术去利用所创造的优势。

连接中转：后腰 1

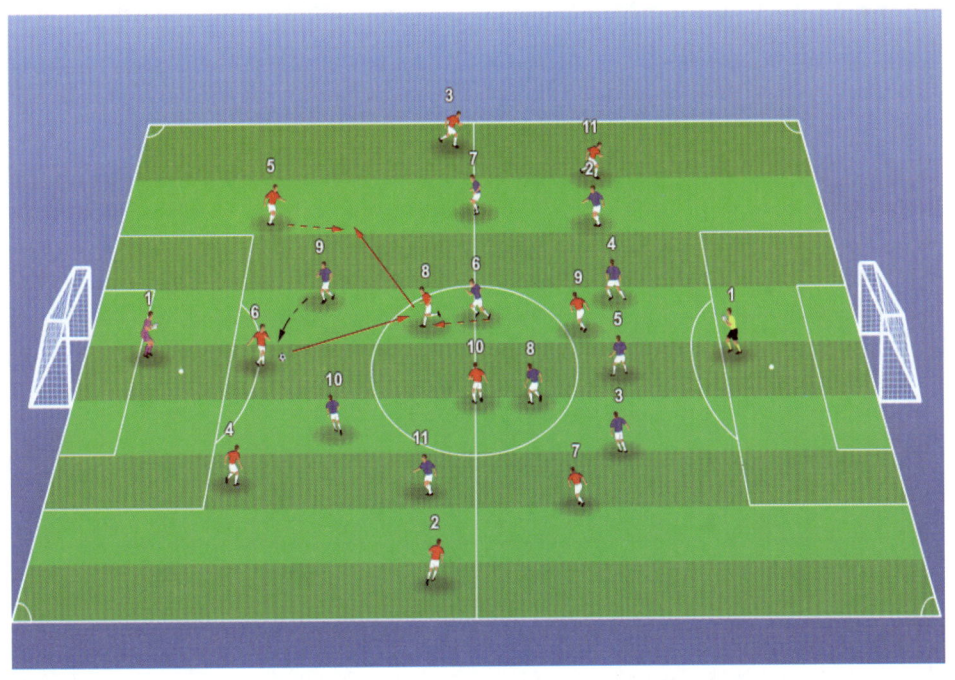

当对手前锋（蓝色 9 号）用切弧线的跑位逼抢拖后中场时，左中卫（红色 5 号）此时就处在无效接球位置。这个时候，虽然强侧后腰处在一个即使拿球也无法转身的位置，但是可以作为一个中转站来帮助球队创造空间。当后腰（红色 8 号）回撤并接到传球过渡给左中卫时，连接传球就破了对手的逼抢。

连接中转：
当队友之间直线传球无法直接完成时，第三人接应后的一脚出球或者极短触球时间内的过渡传球，通过角度的变化避开对方的防守并串联进攻。

连接中转：后腰 2

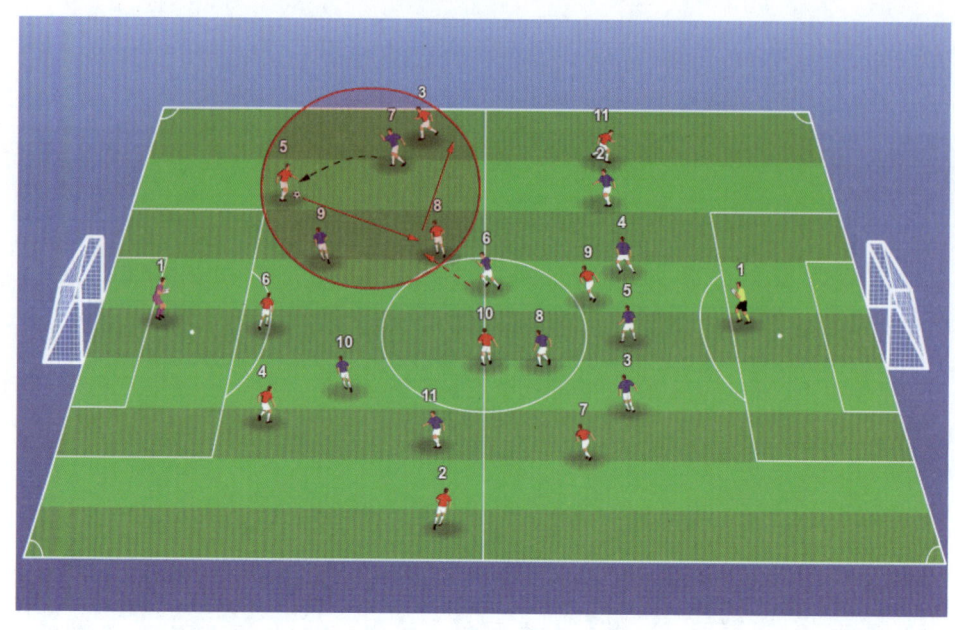

这一次的情况也是相似的。虽然在边路有着进攻 3v2 的优势，但是因为对手边前卫（蓝色 7 号）的切弧线跑位让边后卫无法接到球，连接传球可以在此激活边后卫的接球位置，并且破解对手的局部逼抢。看似简单的一脚触球，在高对抗下如何把握移动创造空间的时机；怎样打开身位触球又不将球暴露给对手的方式；传到前插队友哪一只脚下才方便其推进——这些都是难题。

"烟枪"萨里在 2018 年来到切尔西队后，打出了现代进攻足球的旗号，彻底颠覆了之前那个赛季孔蒂不太追求地面足球的 3 中卫体系。在来到球队后的由后向前训练课上，据说两侧后腰坎特和科瓦契奇就一直被他要求加练连接传球。在随后的比赛里，这两人的连接传球几乎出现在每一次对手的高位逼抢中，以此来帮助老帅执行地面推进的由后向前战术。

3-2-5 阵型边后卫前插利用边路空间（瓜迪奥拉）

2018-2019年赛季的英超联赛，当时积分落后利物浦队的卫冕冠军曼城队在瓜迪奥拉的带领下，用了一种新的阵地进攻战术。由于英超对手的攻守转换强度很大，所以瓜迪奥拉在进攻时选择了从曾经的2-3-5阵型改为了新式的3-2-5阵型。

第一种方式就是让一侧的边后卫内收，保护中路区域。而在右边后卫凯尔·沃克（Walker）前移的那一侧中场，京多安（Gundogan）内收形成双后腰，边前卫博纳多·席尔瓦（Silva）则选位到对手中后卫与边后卫之间的肋部位置。这样的画面会造成防守方边前卫面临两难的选择。如果防守边前卫（深蓝色11号）选择跟随前插的边后卫，那中后卫持球的斯通斯（Stones）就可以直接找到边前卫博纳多·席尔瓦（Silva）；反之，如果防守边前卫（深蓝色11号）选择封堵内接进攻边前卫的线路，那前插的进攻方右边后卫沃克（Walker）就可以有很大的空间接球并创造传中的机会。

3-2-5 阵型边中场前插肋部空间（瓜迪奥拉）

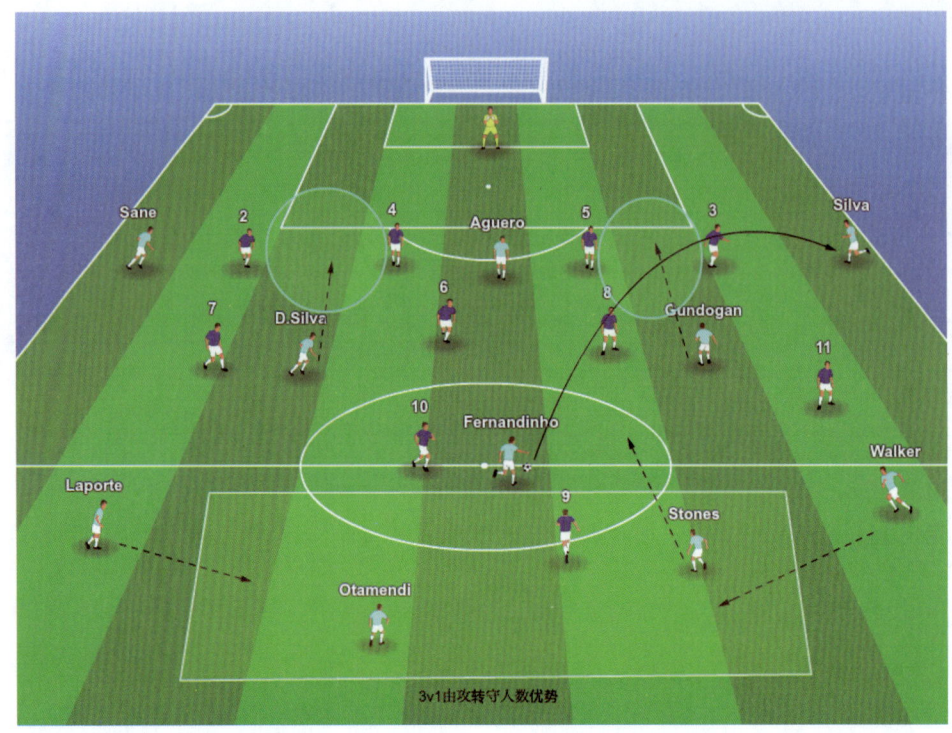

除了利用边后卫前插打开对手边路空间，瓜迪奥拉在保证 3-2-5 阵型的前提下，尝试新的战术，让两侧的边后卫都选择内收保证后场的人数优势，而前提到后腰位置的是一侧的中后卫斯通斯（Stones）。前场两个边锋为了拉开防守方后防线四人之间的距离，选择了非常靠近边线的起始位置。

每当后腰将费尔南迪尼奥（Fernandinho）的球交给边线位置的两个边锋时，边中场大卫·席尔瓦（Silva）和京多安（Gundogan）就会去探索对手肋部空间。也正因为在中路区域进攻方中锋阿奎罗（Aguero）的存在，所以防守中后卫（深蓝色 4 号、5 号）不会轻易丢掉自己的防区。曼城队在阵地进攻时，伴随着右边后卫或者后腰的回收，拉波尔特（Laporte）的左边后卫位置也可以前移。人员的位置可以不停地轮换，但是宏观的阵型和体系一直被保持。

在对阵阿森纳队和埃弗顿队的 2018-2019 年赛季英超的两场比赛里，曼城队都用到了这个战术并且全取 6 分。在随后 6:0 大胜切尔西队的比赛里，瓜迪奥拉又变化到 4-2-4 阵型。此战术的特点如下。

（1）当中后卫前移作为后腰使用时，对手的后腰和前腰会因为区域防守的交接出现空间。

（2）在一支球队里往往边后卫拥有出色的一对一单防能力和速度，由攻转守时把握性更大。

（3）充分为边路球员创造空间，在这个体系里萨内和斯特林可以踩着边线踢球并获得一对一的机会。

（4）中场球员可以最大限度地探索后卫线的肋部空间，也就是边后卫和中后卫之间的位置。无论贡多齐还是盖耶都没有办法很好地限制曼城队前插的中场球员，德布劳内和大卫·席尔瓦在这几场比赛里都发挥得非常出色。

值得一提的是，这应该是瓜迪奥拉继边后卫内收到中场战术后，又一个标志性的战术改革。在 4-3-3 阵型盛行的 2018-2019 年赛季，大多数的教练都提倡用边后卫踩着边线踢球来创造出跨度，边锋则更多地往中路移动成为内锋。而瓜迪奥拉却有些返璞归真，让边锋再次撤到最大宽度的区域，把肋部空间留给两个边中场。这无疑又向人们诠释了战术是不断在改变的，教练需要按照自己球员的特点并结合对手的安排去创造出特殊的思路。

■ 斜向转移

斜向转移更多地是指球从强侧到弱侧的转移，这样传球路线的威胁在于通过大范围球的移动，能够避开对方防守最严密的区域。球的速度通常会比对方阵型移动速度快，在弱侧的得球者更可能获得 1v1 甚至局部人数优势的机会和进攻空间。

• 斜向转移至弱侧边后卫 •

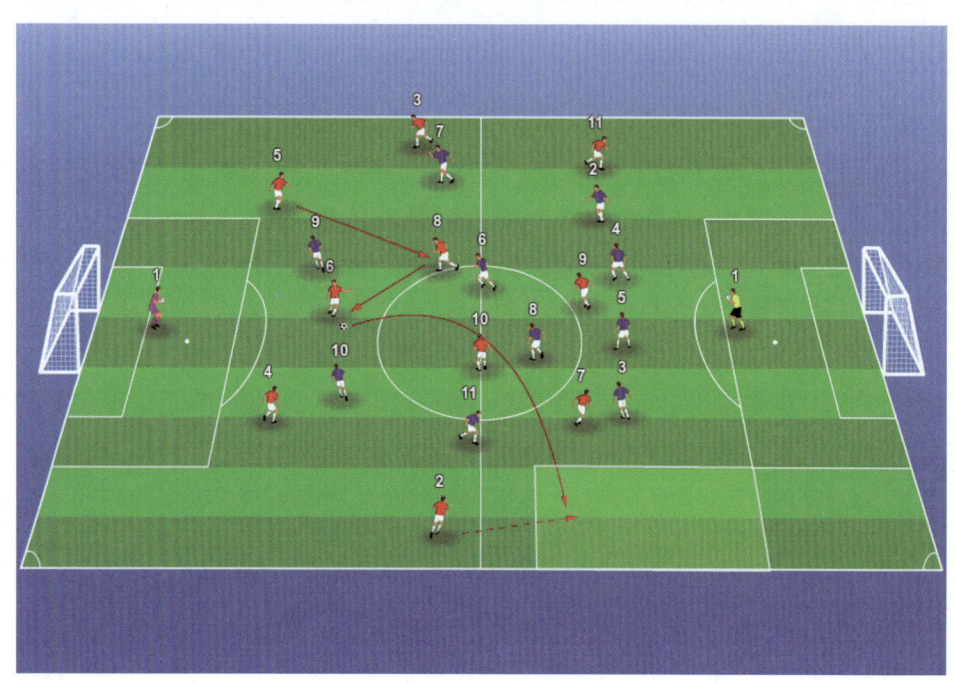

当在强侧推进的时候遇到对手的严密防守，也正因为防守方相互之间距离比较小，会让弱侧的空间相对较大。在中后卫持球失去向前寻找边前卫或者前锋（红色 11 号、9 号）的路线后，可以寻求后腰（红色 8 号）的中转并寻找弱侧前插的右边后卫 2 号。攻方边前卫 7 号的内收位置可以牵扯到对手的左边后卫，而斜向转移的一个优势在于当球被传出去的时候，接球者处于防守队员的盲侧，所以多少会为接球赢得时间。弱侧边后卫在控制好球后，可以和边前卫发展在边路的进攻，甚至在防守方边前卫回防不到位的情况下，直接推进并获得传中的机会。

斜向转移至弱侧边前卫 1

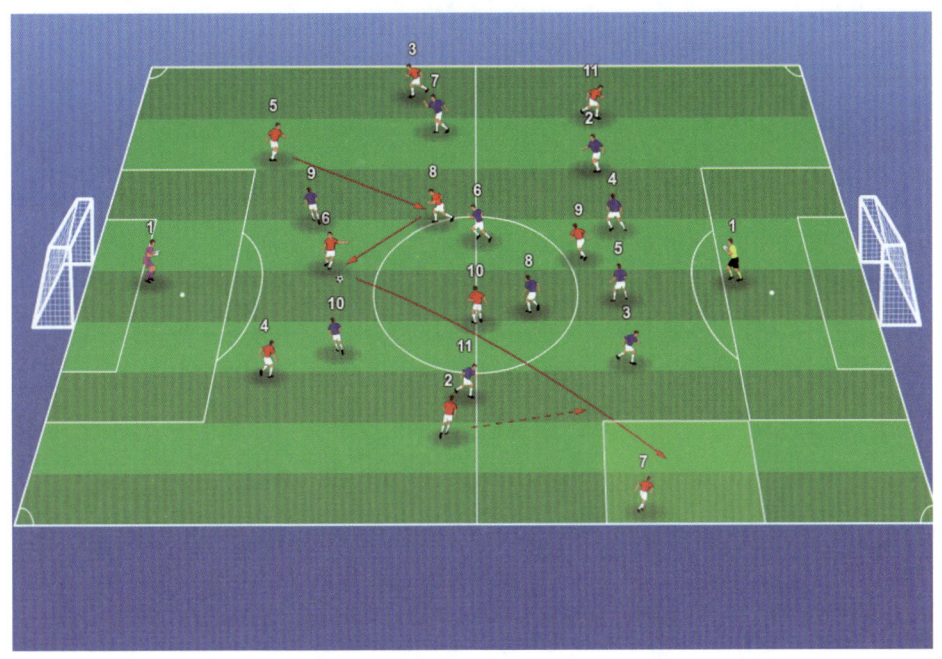

虽然在当今世界足坛逆组边前卫已经成为一种潮流，但是当你的阵中拥有一个传中和 1v1 都很出色的边锋时，由传统的 7 号或者 11 号来提供宽度也是一个选择。在瓜迪奥拉的体系里，右脚球员斯特林就经常被委以重任到边路拉开宽度，而右边后卫凯尔－沃克则在球队进攻时更加贴近两个中后卫。

当边前卫（红色 7 号）撤到边线的时候，防守方边后卫（蓝色 3 号）很不乐意见到这一点的原因就是他需要保持和中后卫的距离，以此来减少肋部空间。所以在后腰或者回撤的边前卫没有到位时，边后卫不会贸然地前扑接边前卫的球。

斜向转移至弱侧边前卫 2

在右边前卫 7 号控制好球时，如果对方边后卫（蓝色 3 号）贴近上抢，并且防守方中后卫被前插的进攻方前腰 10 号牵制而不能提供足够保护时，边路 1v1 就此形成了。教练允许球员在边路更多地尝试 1v1，原因有很多，通常因为一支球队里边锋或者前锋的过人能力最出色，而即使球权交换，对手的反击也是在边路而不是在危险的中路。而且许多进攻设计其实就是为了在对方的腹地找到一个人数均等的情形，这和防守的概念有很大的不同，后者永远要求在自己的半场局部以多防少。

如果防守方边后卫较为保守而保持与持球者的距离，那进攻方无球队员的跑位必须给到边前卫足够的选择。值得注意的是，这里前腰球员或者边后卫一定要坚决地探索肋部空间，以防止强侧防守后腰和回防边前卫（蓝色 8 号、11 号）过早地向边路靠近进行保护，从而让边前卫失去 1v1 的机会。

与此同时，这里可以提及一个边后卫内套的战术。在边前卫 7 号占据了边路空间时，如果边后卫 2 号在原地不前插，那防守的边前卫很可能就会创造对持球者的局部夹防了。所以只有边后卫前插利用肋部才可以干扰到防守方边前卫的移动，为持球者提供选择或者空间。当然，前腰和强侧边后卫只需要有一人插肋部，另一人提供回传选项，以此避免重复跑位。

解球
你所看到的 90 分钟

防守阶段:
高位逼抢

防守的逼抢可以存在于球场上的任何部分。从个体角度来解释就是个人对于持球对手的施压，而整体角度可以被定义为一支球队在无球状态下减少对手持球空间和调整时间的集体性战术。这样的战术目的在于减少持球者的进攻选择，并且为防守方再次获得球权创造条件。

按区域来划分逼抢战术可以定义为高位逼抢、进攻型逼抢和深度逼抢。这样的战术划分就需要分析球队在哪一条防守线开始逼抢对手，以及逼抢的方向是向内或是向外、向前或者是向后。前场从前锋线开始的逼抢意味着整体阵型的前提，借助对手在后场的出球敏感度去对球权发起攻击，或者逼迫对手主动丢失球权。而在中后场的逼抢就要归属在深度防守的范畴了，球队会在更靠近本方球门的区域利用阵型的紧密度去收缩对手的持球空间，并不断尝试创造局部的防守人数优势，进行两条防守线共同的夹防和围抢。

除了球队自身的战术设定，逼抢的时间点也需要根据对手持球的情况去实施。这样的战术可以在以下几个情况下进行：

（1）对手局部位置或者球员在技术上有明显弱点时。

（2）当持球者接到很难控制的传球时。

（3）当持球者在一个缺少接应和敏感位置接球时。

"高位逼抢"的出现更多的是受贝尔萨的影响，可能在他的战术形成之前，未曾有教练过于系统地设计在对方 30 米区域的防守拦截，因为这样一种防守会让本方身后空间加大。也有反对者提出这样的理论，防守的优先顺序为：球门—身后空间—身前空间，高位逼抢会混淆这一概念。但支持方也给出了很好的回答，高位逼抢能在越位规则的条件下，减少全队的防守面积。假设球场的宽度是 90 米，后防线每向前 1 米，球队的防守面积就小了 90 平方米，而防守的一大原则正是减少空间。高位逼抢的成功果实非常丰厚，往往在重新得到球权之后可以让球队直接面对对方的后防线甚至球门。

　　当然每一种战术都有利有弊，贝尔萨着实让当时的毕尔巴鄂竞技震惊足坛，但在和很多强队比赛过后也证明了一点，至少在现在足坛，没有一支球队可以把这种战术持续 90 分钟。什么时候实施，如何实施就成了用好这把双刃剑的关键。

　　任何阵型都可以去高位逼抢对手，但由于第一条线横向覆盖度的需求，4-3-3 阵型和 3-4-3 阵型是比较平衡的高位逼抢阵型。一支球队进行高位逼抢战术可以分为局部逼抢和全场逼抢。前者意味着战术设定会将持球的对手引入指定的预设区域后，再进行对球权的争夺；而后者意味着在球场的任何区域实施对球权的抢夺。绝大多数的高位逼抢可被分为以下两种防守：创造强侧和终极逼抢。

　　和进攻的顺序相反，所有的防守都是从前锋开始的。教练需要在训练课里从前锋开始进行这样的战术设定，在高位逼抢中，前锋或者是离球最近的进攻队员能够去决定整支球队的阵型和移动。

创造强侧

　　比起后场防守注重防守人数优势，在对方半场的高位逼抢难以达到每一次的人数优势。高位逼抢可以在纵向空间上减少本方的防守面积，而向一侧边线限制对手的出球路线更可以在横向面积上让对手失去空间。创造强侧的战术优势也正在于，当对手在边线附近拿球时，可选择的传球线路和方向比起中路就少了很多。随之而来的就是防守方可以减少在弱侧的注重度，把更多的压力和人员投入另一侧。

防守的优先顺序：
以防守球门，身后空间和身前空间的顺序来定义防守优先级。

创造强侧的高位逼抢起始位置

起始位置是预判和决定高位逼抢方式的关键所在,在 4-5-1 阵型体系下形成创造强侧的高位逼抢和 4-4-2 阵型体系非常接近。9 号和 10 号形成一个小单位去准备控制对方中后卫,但拖后的那一个防守球员必须先限制门将直接找拖后中场(蓝色 6 号)的线路。两个边前卫(红色 11 号、7 号)站在和对方边后卫平肩位置,以此避免门将用中场传球直接找到边后卫并破局。中后场球员(红色 8 号、6 号)一一对应着进攻队员,并在中卫位置保持对前锋的 2 防 1。

从这幅图里面可以看出,9 号和 10 号起始站位更偏向对方右中卫。因此,在前场 3v2 的局面里,进攻方左中卫(蓝色 5 号)在拿球后可以获得更多的时间与空间,所以门将把球传给左中卫的可能性更大。逻辑上,当我们看到这样的画面就可以了解到,作为高位逼抢一方在利用这种起始站位时,已经默认了对方的左中卫出球能力逊色于右中卫,这就是所谓无球队员对持球者的控制。创造强侧的战术完全可以根据对手出球能力去做调整,尤其在右脚球员多于左脚球员的情况下,逼抢逆足中卫时常被运用。

创造强侧的高位逼抢：对手中后卫拿球

门将把球传向左中卫（蓝色 5 号）的过程中，防守 10 号已经向接球者移动，这个细节在高位逼抢战术中至关重要。球到后的移动和预判出球路线后在球离开传球者之后的直接移动，在时间上会有很大的区别，任何关于执行时间的细节都足以决定这一战术的成功率。

比起直接冲向门将，在 10 号接近对方左中卫时，会采取一个弧线的跑动来阻止中后卫接球后一脚回传门将。这样的弧线跑动的目的是在移动的同时，最大限度切断持球者回传门将的线路并创造球发展方向的可判断性。同时，9 号以最快的速度到达对方拖后中场的位置，阻碍其接球。9 号和 10 号作为第一个高位逼抢单位，有着极大的覆盖面积去影响对方两个中卫加上门将和后腰，这样一个 2v4 的局部是整个战术成败的关键。当然，这两位球员只需要去影响和控制出球路线，减少防守面积，而不是真正地去拦截和抢断。

强侧边前卫（红色 7 号）首先要移动到一个让对方中后卫不能把球直塞给进攻强侧边前卫 11 号的位置，而非直接扑向边后卫（蓝色 3 号）。因为如果对方中后卫渗透传球直接找边前卫，那整个中前场就会处于无效防守位置。在高位逼抢战术中，整体阵型的前提会让渗透球的威胁变得更加明显，并导致防守一方非常被动。

弱侧的边后卫（红色 3 号）需要移动至强侧和后防线其余球员保持距离，并观察左侧的进攻队员跑位，以防对方转移球使得防守弱侧完全处于真空。同时，弱侧边前卫在这个局部处于 1v2 的防守状态，但因处于非球侧所以可以被接受。就像之前所说的，球场上正常情况永远是 10v10，弱侧的 1v2 才可以在强侧为球队创造出人数均势或优势，这就是一个平衡。所谓创造强侧去逼迫对手，最重要的就是让持球者不能横向或者斜向转移，借此减少横向防守空间并在强侧局部创造出人数均势甚至优势。

创造强侧的高位逼抢：对手边后卫进入 1v2 陷阱

结合之前的设计，对方中后卫最有可能传球的路线就是向左边后卫（蓝色3号）的方向。通常当对方的边后卫接球后，就陷入了高位逼抢方所设计好的陷阱里。强侧边前卫在这个时候会沿一条遮挡住对方边前卫的路线来逼近持球者，同时前腰10号会沿遮挡住对方强侧中后卫的路线来接近持球者，这样就可以形成局部的2v1。进入红色区域后，防守方就可以开始对球权发起直接攻击。当然要封闭这一空间，其他中场对应的防守队员也必须到位，去阻断一切传球路线。

创造强侧的高位逼抢：对手边后卫第一脚触球向前

相同的画面，在强侧边前卫（红色 7 号）的防守位置过于靠前或者进攻方边后卫（蓝色 3 号）的实力特别出色，并且用第一脚触球突破防守边前卫的时候，防守方边后卫（红色 2 号）可以成为第二个逼抢者并在此和边前卫形成局部 2v1。

与此同时，因为高位逼抢第一条线已经被破，所以整体阵型需要向后移动并向强侧联动。防守方 6 号强侧后腰现在需要去盯防进攻方强侧边前卫的接球路线，弱侧后腰（红色 8 号）也要横移保护。因为球已经在比较深处的地方，弱侧边前卫应放弃对进攻方弱侧边后卫和中后卫的干扰，需要回撤来保持中场的横向平衡。

在强侧高位逼抢方边后卫前压后，也可以让强侧的中卫去看防对手的强侧边前卫，但是两个中卫之间的空间就需要后腰及时填补，不然在中路对方前锋插到身后时会获得 1v1 中卫的机会。

创造强侧的高位逼抢：对手中后卫回传门将

在面对创造强侧的高位逼抢时，中后卫也会选择第一脚回传门将。这时，另一个前锋（红色9号）必须对门将施加压力，不让球轻易地转移到弱侧。如果球发展到进攻方的右边路时，高位逼抢方的左边前卫（红色11号）就会因为1v2而陷入被动。值得注意的细节是，在9号以最快速度通过弧线接近门将时，8号后腰需前提到对手8号中场和进攻拖后后腰6号之间，以防止门将一脚穿透球找到处于两个前锋间的拖后后腰。整体后防线在看到回传发生时，可以继续向强侧移动一些，但也必须前提去减少防守面积，因为球门球没有越位，但是开出门球后越位规则就存在了。

这一战术无疑体现了创造强侧高位逼抢的一个明显弱点，那就是进攻方如果将球成功转移到弱侧时，防守方一定会在局部区域出现人数上的劣势。

高位逼抢：菱形4-4-2阵型起始站位（波切蒂诺）

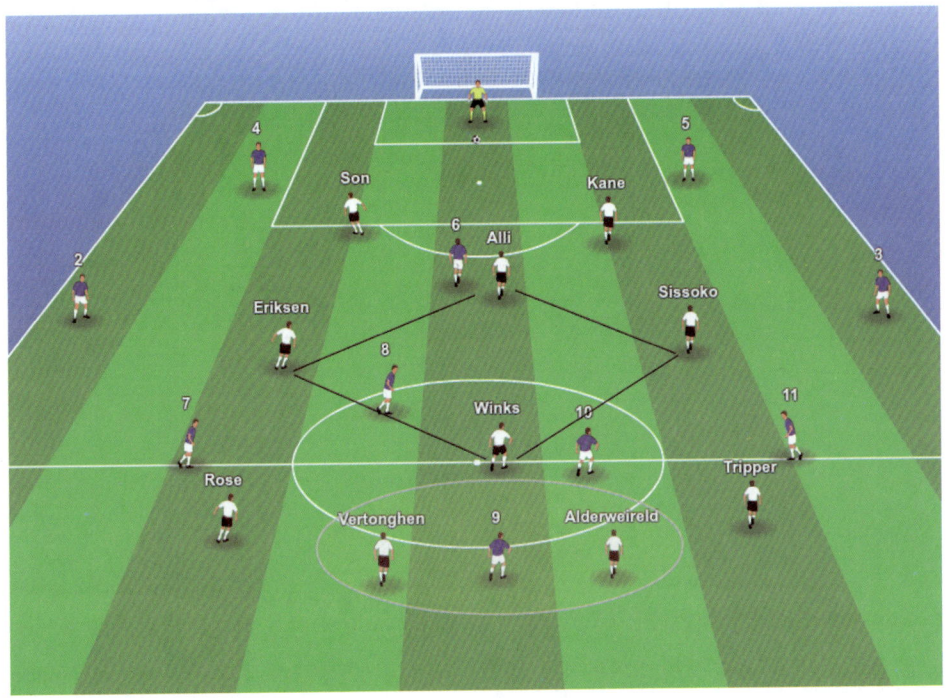

在平行中场4-4-2阵型高位逼抢的战术里，因为双前锋在前场难以覆盖对手两个中卫及回撤的后腰并陷入2v3的人数劣势，所以会有一定局限性。但是在2018—2019年英超联赛里，托特纳姆热刺队（以下简称热刺队）的主教练波切蒂诺根据球员的特点，将菱形中场4-4-2阵型呈现在世人面前。不仅如此，这位阿根廷队主帅更是将复古的阵型和先进的打法结合在一起。所谓现代足球的四大特征体现在：由后向前的地面渗透推进；门将更多地参与后场的组织进攻过程；相对更高的后防线；在前场向对手施压。

菱形中场4-4-2阵型的特点就在于因为前腰位置球员阿里（Alli）的前移，在高位逼抢时整体阵型会偏向4-3-3阵型的结构。在图中，孙兴慜（Son）、凯恩（Kane）和阿里（Alli）3位球员正好在前场与进攻方后场组织的3人形成局部的外场球员人数相等。而在起始位置的选择上，两个边前卫则需要更大的覆盖面积，处于对手两线之间的位置能够让埃里克森（Eriksen）及西索科（Sissoko）兼顾进攻方靠前的两个中场（蓝色8号、10号）和高位的边后卫（蓝色2号、3号）。

现代足球的四大特征体现在：由后向前的地面渗透推进；门将更多参与到后场的组织进攻过程；相对更高的后防线；在前场向对手施压。

高位逼抢：菱形 4-4-2 阵型当对方中后卫拿球

由于在中场线的对弈中，4-4-2 阵型菱形中场的体系缺乏对防守宽度的覆盖，所以创造强侧仍是高位逼抢战术的主要概念。当对手的强侧中后卫（蓝色 5 号）得到球权时，防守方前场的三人需要及时用跑动路线来影响对手的出球方向。在主帅波切蒂诺的热刺队的体系里哈里·凯恩（Kane）采用直线跑位逼抢的原因是，前腰阿里（Alli）已经选位限制了对手拖后后腰（蓝色 6 号）的接球路线，而此时另一个前锋孙兴慜（Son）也正为潜在进攻方回传门将的线路做逼抢准备。需要强调的是，在菱形中场体系里，前锋采用直线逼抢方式的目标不是简单地把对手引入陷阱，而是直接争夺球权，这是与 4-4-1-1 阵型创造强侧高位逼抢的最大不同。在前场的第一阶段，因为防守方有着更多的人数，所以不需要将战区延后。

也正是因为前场三人的投入，中场球员在这个体系里的跑动会相对难度更大。右边前卫西索科（Sissoko）需要及时限制住对手中后卫（蓝色 5 号）找到强侧边前卫（蓝色 11 号）的线路；同时，准备对强侧进攻边后卫（蓝色 3 号）施压。弱侧的边前卫埃里克森（Eriksen）及后腰温克斯（Winks）也需要向强侧移动，以保持中场球员相互之间的距离。

在 2018-2019 年赛季的两场热刺队和切尔西队进行联赛杯半决赛时，热刺队就用这个高位逼抢体系很好地限制了切尔西队的发挥。虽然后者在最后的点球大战中胜出，但是一直坚持由后向前地面渗透的萨里无疑经受了很大的考验。有意思的是，在这两场比赛之间的一场英超联赛里，热刺队的北伦敦死敌阿森纳队也在高位逼抢时用到了相同的体系，并赢得了对蓝军切尔西队的胜利。枪手主帅埃梅里用拉姆塞打到了前腰的位置，而双前锋则是拉卡泽特与奥巴梅扬。

高位逼抢：菱形 4-4-2 阵型当对方边后卫拿球

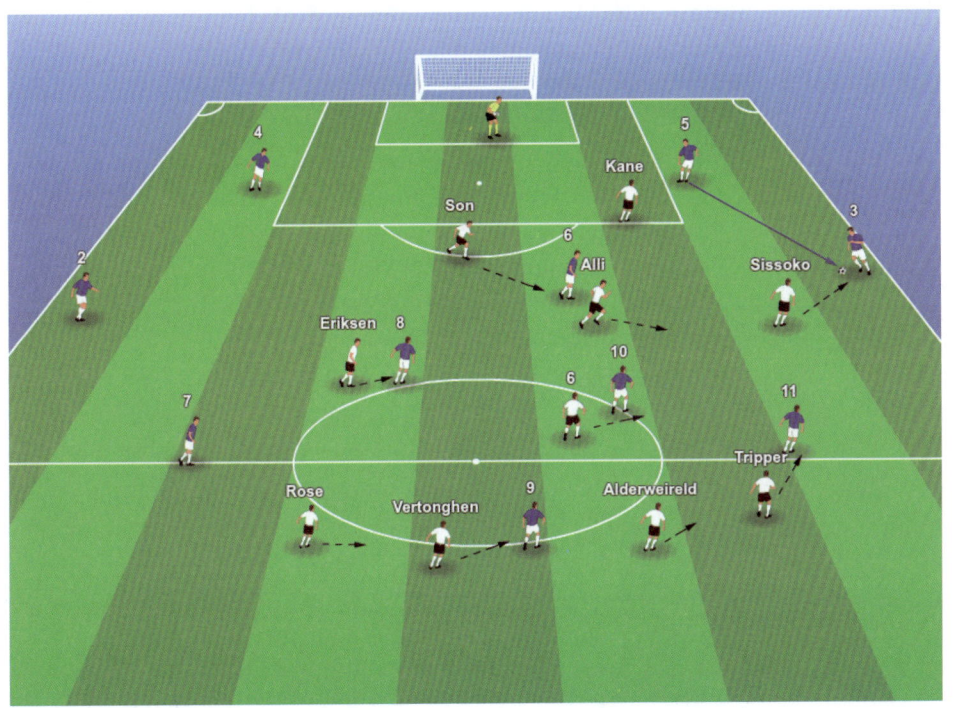

如果防守方强侧前锋凯恩（Kane）在第一战区没能让对手失去球权，防守边前卫西索科（Sissoko）就需要及时到位，盯防对手边后卫（蓝色 3 号）。需要注意的是，当边前卫外扩时，菱形中场的前腰阿里（Alli）和另一侧前锋孙兴慜（Son）需要有一个对进攻方拖后后腰（蓝色 6 号）的交接。因为在球发展到边后卫的时候，球队已经不需要去看防进攻方门将，而前腰阿里（Alli）可以回落并强化高位逼抢方阵型的紧密度。在弱侧的边前卫埃里克森（Eriksen）也需要回收到对方弱侧后腰（蓝色 8 号）的位置，从而保持后场的人数优势。

从图中可以明显地发现，进攻方的弱侧中卫与边后卫（蓝色 4 号、2 号）处在完全空位上，这是 4-4-2 阵型菱形中场在高位逼抢时的一大弱点，对弱侧保护不足。只要进攻方在强侧摆脱防守方对球向的控制，将球转移到弱侧，那高位逼抢战术就被破局。切尔西队对阵热刺队在英超 2018-2019 年赛季第二次交手时，西班牙边锋佩德罗在禁区过掉托比·阿尔德韦雷尔德进球的整个发展过程就充分体现出了这一点。

高位逼抢：菱形 4-4-2 阵型当对方前腰拿球

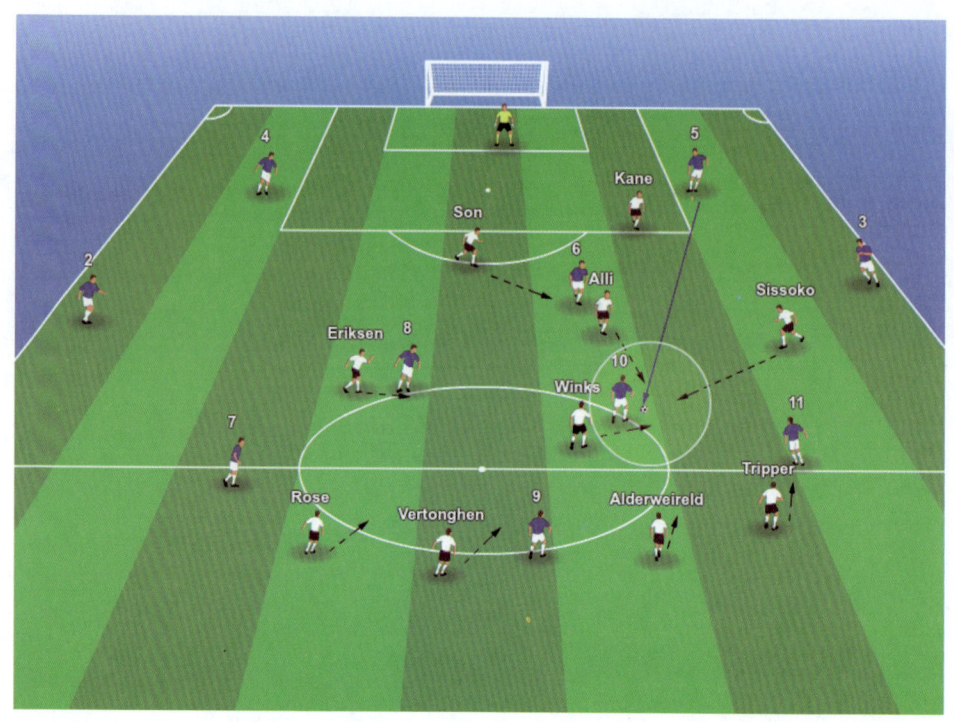

　　虽然这是进攻渗透球在防守方看来很忌讳的一个画面，但是在菱形中场的 4-4-2 阵型体系中，由于强侧人数的堆积以及边前卫较为靠中路的位置，在进攻方中路拿球时，往往会遭到数人包夹。当进攻强侧中卫（蓝色 5 号）直接通过渗透球找到强侧前腰（蓝色 10 号）时，防守方的拖后中场温克斯（Winks）需要及时施压以防止其转身。前腰阿里（Alli）以及强侧边前卫西索科（Sissoko）则必须及时回撤夹抢，在瞬时形成 3 人包围圈。前锋位置的孙兴慜（Son）在这个时候需要和前腰阿里（Alli）有一个对进攻方拖后后腰的交接任务，以防止进攻 6 号上前提供 10 号回传的选择。伴随着进攻持球队员无法转身的画面，整条后防线在盯人的同时，需要上压以减少防守面积，并保持几条线之间的距离。

高位逼抢：菱形 4-4-2 阵型防守长传球

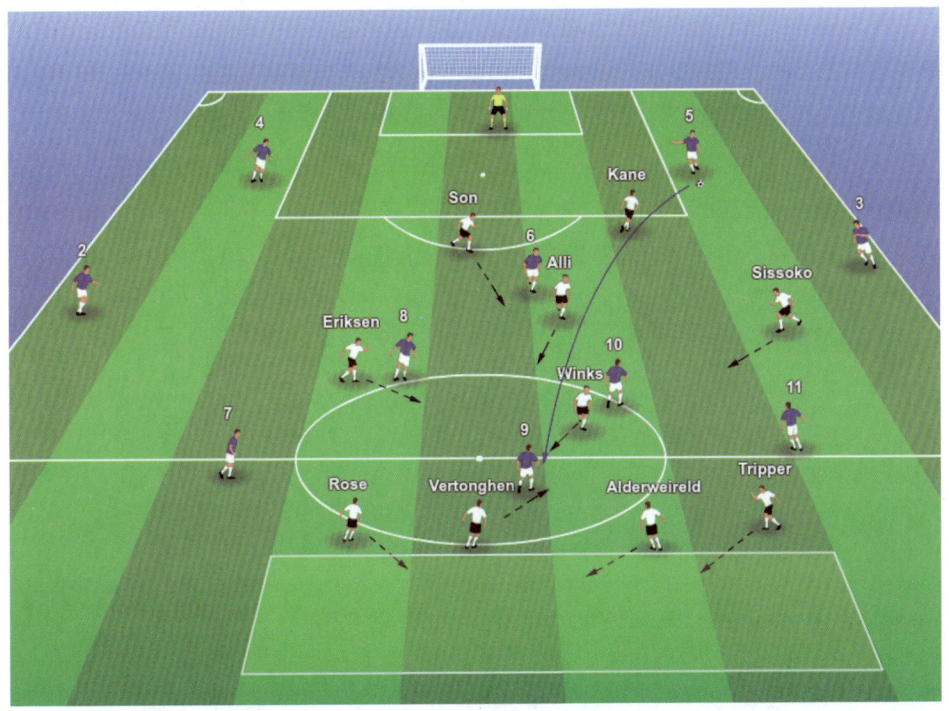

每一个高位逼抢战术都需要有对长传球的防范，因为当整体阵型压得较为靠上时，身后空间往往最容易被对手利用。值得一提的是，在高位逼抢的体系里，门将的站位也会随着后防线的前提而压得很靠上。

当对手中后卫在受压时选择直接长传球找到前锋（蓝色 9 号），后防线四人的选择就变得异常重要了，在球落点位置的后防线球员必须前提争顶。在这一战术画面里，弱侧中后卫维尔通亨（Vertonghen）距离对手的前锋 9 号更近并选择与对手争顶，后防线的其他三个球员必须向落点附近靠拢并适当向斜后方移动落位（斜落），防止队友争顶失败后球越过整条防线。白框内部分是强侧的身后空间，也是后防球员要保护的关键空间。

与此同时，拖后后腰温克斯（Winks）必须回夹干扰，或者去争取在对手无法完成时进行抢断。中场其余三人也必须向球侧靠拢，在保持对自己盯防球员观察的同时，准备好对于第二落点的保护和争抢。

终极逼抢

终极逼抢战术听起来有些极端的感觉，这是因为这个高位逼抢的方式和防守的原则有些背道而驰。常规的防守战术会让进攻方往边路方向延缓发展，因为对球门角度越小的地方越难威胁球门。然而，在终极逼抢战术中，时常会让进攻方往中路渗透，使其进入布局好的包围圈里。当然，如果防守圈被破所造成的后果会比创造强侧的高位逼抢严重得多。2017-2018年赛季的利物浦队在克洛普麾下就经常使用这样的逼抢方式。有趣的是，也许英超和欧冠的密集赛程让德国队主帅在2018-2019年赛季减少了"红军"对这一极端战术的使用。

终极逼抢起始位置（克洛普）

在起始位置上，4-3-3 阵型与创造强侧高位逼抢最大的不同在于两个边前卫或者说边锋马内（Mane）和萨拉赫（Salah）的位置——两侧的球员都处于进攻方边后卫和中后卫之间。这样选择的优点在于，不管球到了边后卫还是中后卫脚下时，高位逼抢方的边锋都可以减小与其中一个的距离。随之而来就存在机会了，在对手传球与接球质量非常出色时，马内和萨拉赫也可能对进攻方中后卫以及边后卫都不造成足够的压力。例如：在前章节提到的，如果门将能够第一时间用出色的中距离过顶球找到边后卫。中锋菲尔米诺（Firmino）的起始位置是阻止对手的拖后后腰（蓝色 6 号）拿球，但在球向一侧移动时其居中的位置也可以便于对任何一侧持球者发起攻击。在后场如阴影圈所示保持 2v1，双中卫范戴克（Van Dijk）和马蒂普（Matip）来保证在这个区域的人数优势。

这里三个中场的起始位置很有讲究，拖后中场亨德森（Henderson）的存在是为了保护后防线并避免出现 4v4 情况，特别是在对手选择直接长传球的时候。而米尔纳（Milner）和维纳尔杜姆（Wijnaldum）两个中场的位置其实是在对手边后卫和后腰之间，这样在任何一个对手球员接球时都能及时去施加压力。当然，这样的选位也存在极大的风险，在遇到控制能力极强的对手时，很多"一半一半"兼顾两侧的选位会让防守队员来不及到达指定区域。

终极逼抢的一个特点就是当门将把球开出大禁区，比赛进入活球状态时，防守方会立即抱着获得球权的目的，在任何方位对球进行直接逼抢，而不是将对手引入某块区域再进行逼抢。这种战术会消耗非常多的体力，所以更多的只会在一场比赛的一个时间段出现。例如：2017-2018 年英超联赛利物浦队主场对曼城队的比赛就是一个例子，"红军"采用了很极端的终极逼抢战术。不难发现，执行这套战术的硬件条件是拥有极强活动能力和出色抢断能力的进攻型球员，如马内、菲尔米诺、萨拉赫、维纳尔杜姆、张伯伦和埃姆雷詹。近几个赛季西蒙尼的马德里竞技队在对阵巴塞罗那队时，也时常会从 4-4-2 阵型起始体系前提一个边前卫来形成终极逼抢。

如果以微观视角来评判终极逼抢这 5~15 秒时间，球员耗费的体能是很大的。但从宏观来看，如果终极逼抢能够让对手失去球权，避免了原本整体队形退守和不间断被动移动的跑动，这种高位逼抢甚至能够减少球队的整体体能消耗。

终极逼抢：当中后卫拿球

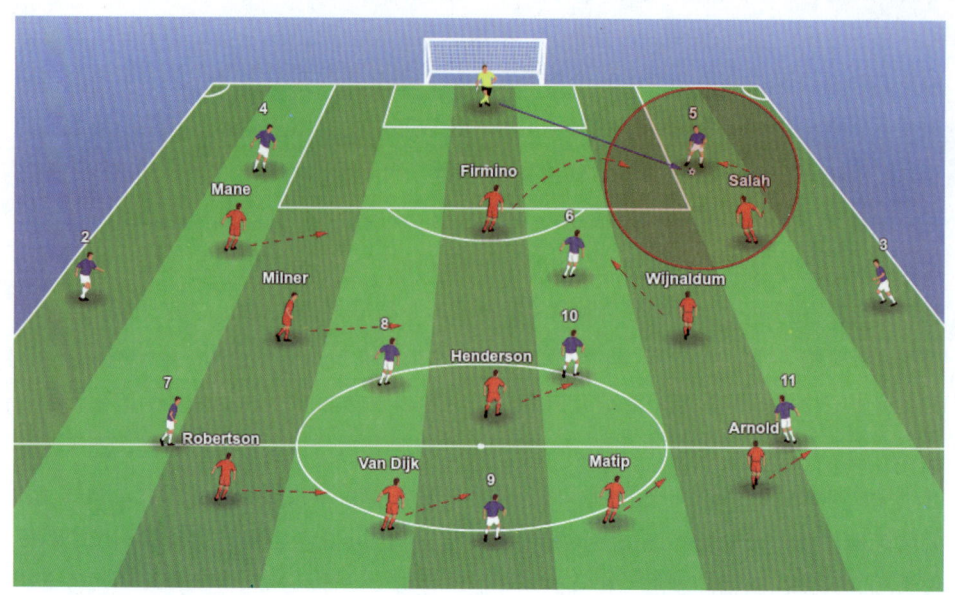

当门将把球传给一侧中后卫（蓝色 5 号）的时候，强侧边锋萨拉赫（Salah）的跑位非常重要。因为面对 1v2 的局部，他的弧线移动必须既能快速逼迫对方持球中卫，又能阻挡中卫向边后卫（蓝色 3 号）的出球路线。这里可以引入"防守阴影"的概念，如果持球者是一个光源，而防守者是阻挡物，那阻挡传球路线就好比用手去阻挡手电筒照射出来的光线，阴影处就是传球无法到达的地方。虽然这个概念阐述起来比较简单，但在第一时间要判断身后的防守阴影方位是很困难的，特别是在高速移动中。

与此同时，防守方前锋菲尔米诺（Firmino）也需要用弧线逼迫方式去阻止对手中后卫把球回传给守门员并转移到弱侧。维纳尔杜姆（Wijnaldum）的逼抢路线则是不让对手的拖后中场 6 号接球。也正因为维纳尔杜姆的前移，防守方右边后卫阿诺德（Arnold）在这一刻需要违背防守原则，站到靠近对手左边前卫（蓝色 11 号）的稍外侧区域，以防止在对手将球给到左边后卫（蓝色 3 号）时无人盯防。整体阵型也要随之靠拢。在这样的前提条件下，如果形成了对持球者的 2v1，那断球后的战果是很丰厚的。

防守阴影：
假设持球者是一个光源而防守者是阻挡物，那阻挡传球路线就好比用手去阻挡一个手电筒照射出来的光线，防守阴影处就是传球无法到达的地方。

球侧门侧：
相对于盯防对手，距离球侧更近，离本方球门更近的位置。

在前场逼迫时，后场防守球员需要准备适时的跨区域防守，也就是偏向于人盯人的紧贴防守；同时保持一个原则：球侧门侧——站在离本方球门更近，离球侧更近的方向。这样就可以在争夺潜在高空球和二分之一球时占据优势。

• **终极逼抢：对手高位边后卫拿球** •

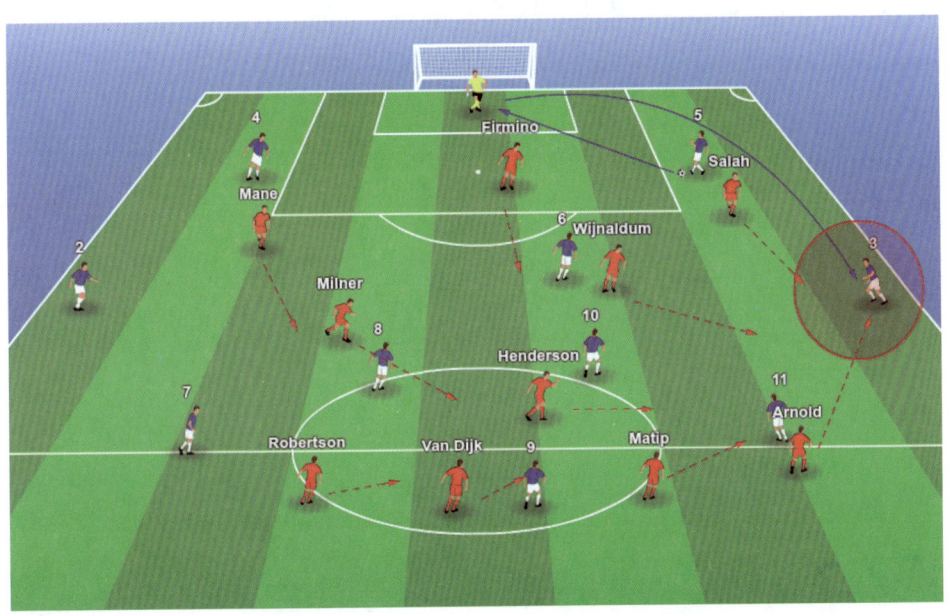

进攻方在遭遇 4-3-3 阵型终极逼抢时会经常利用"边后卫传球"，通过门将直接寻找边后卫来尝试破局。如果对方门将拥有像曼城队 2017-2018 年赛季主力门将埃德森那样的传球技术，再加上一个第一脚触球非常出色的边后卫，那这种起始站位就很容易在第一层就被破解。如图中所表示的那样，当前锋菲尔米诺（Firmino）没来得及封堵中后卫回传路线时，门将可以直接将球找到高位的边后卫。

在这样的情况下，防守方整体阵型的移动就成了持续在前场高位逼抢的重中之重。右侧边后卫阿诺德（Arnold）会放弃盯防进攻方 11 号，前压到对方拿球的边后卫身前，而后方其余 3 人保持整体距离并向右侧靠近。中场球员也需要继续遵循球侧门侧的原则，前场 3 人包括防守方的菲尔米诺（Firmino）、马内（Mane）及维纳尔杜姆（Wijnaldum）都需要快速回退。右边锋萨拉赫（Salah）需要尽快回到有效防守位置，在对手没有出球前尝试形成和防守边后卫的 2v1 夹防。

在职业足球的赛场上，同级别的球队很难用一次性的高位逼抢去直接夺得球权，而在第一层高位被破解之后的应对，前场非有效防守位置球员的回追速度是决定最终战术成功与否的关键。毋庸置疑，这是一种现代足球必备的战术选择。

终极逼抢：对手渗透球找到前腰

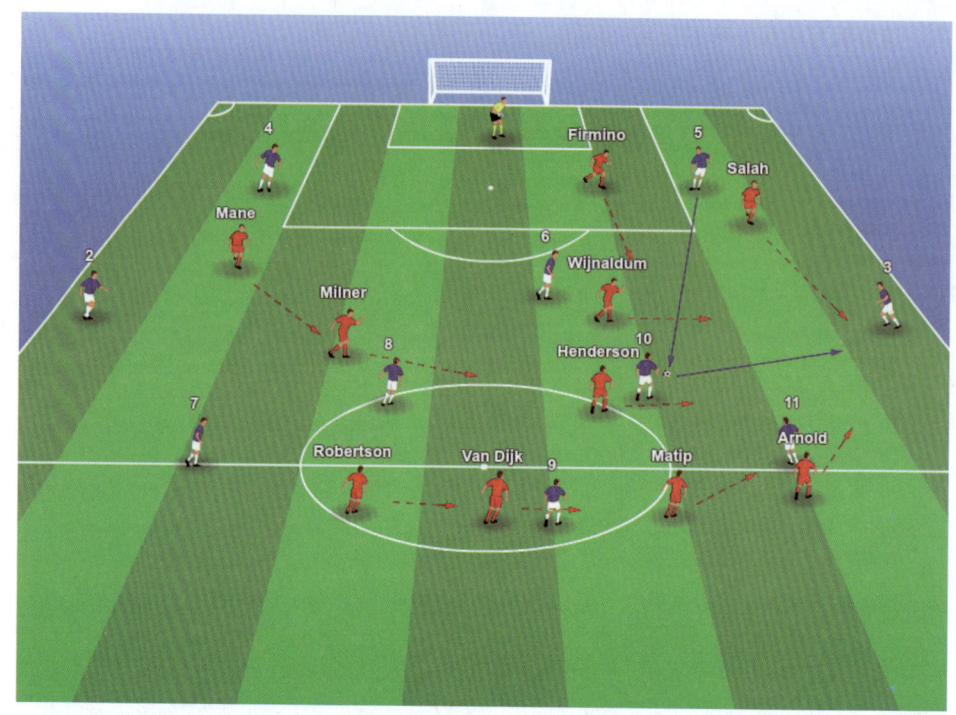

面对进攻方的中路渗透球是终极逼抢战术必须应对的部分，由于边锋萨拉赫（Salah）和边中场维纳尔杜姆（Wijnaldum）阻止对方后腰10号和边后卫3号的接球路线，所以从进攻方中后卫到前腰10号的这条路线是很难形成防守阴影的。当中后卫用足够快的速度将球传给前腰（蓝色10号）时，防守方的后腰亨德森（Henderson）就形成了和攻方前腰1v1的对弈，其首要任务是不让对方轻易转身面对进攻方向。同时，因为进攻前腰10号也很有可能通过连接传球找到强侧的边后卫（蓝色3号）破局，防守右边前卫萨拉赫（Salah）和中场维纳尔杜姆（Wijnaldum）需要及时向强侧进攻方边后卫方向靠拢，伴随着强侧防守边后卫阿诺德（Arnold）的盯防。后防线3人则需要保持距离，同时谨防身后空间被对手前锋利用，其余的高位逼抢球员也需要快速回撤到有效防守位置，保持三条线的紧密度。

再次提到这个论点，高位逼抢不是一锤子买卖，在第一层压迫被破之后，战术成功的关键是处于无效防守位置的球员如何快速回追并压缩空间。

解球
你所看到的 90 分钟

防守阶段:
深度防守

相对进攻战术里的细化图片，防守战术更多的是设置一种框架，建立一些原则去应对不同的对手。虽然对于持球者，防守方是要有所控制，但细化的进攻图片是难以复制的。比如说在职业球队的战术设定中，会根据对手边锋是否逆足，右脚球员踢左边或者左脚将去到右路的不同情况，决定一场比赛中边后卫是防内线还是防外线。

防守的优先原则为：球门—身后空间—身前空间。当球处于任何位置的时候，都应该遵守这条黄金定律。具体地说就是防守队员先要考虑的是持球者能否对球门直接造成威胁或者形成有效射门，再去考虑身后空间是否会被无球跑动者利用，最后才是限制身前空间。

在深度防守区域中，防守移动和深度逼抢是必须提及的两个技战术重点。

防守移动

防守移动是球员个体或单位根据预设的球队战术，从起始的防守选位移动至新的防守位置，目的在于避免球队陷入潜在的局部防守人数劣势局面，同时有意识地去减少进攻方的持球空间与时间并创造局部的防守人数优势。在防守的起始站位里，防守球员职责分配更多包含的是区域防守的概念，但伴随着球的移动，如何去覆盖更重要的防守区域或者所谓的强侧位置是防守移动过程中最值得思考的问题。例如在进攻方突破了防守右侧的中场线，当本方右边后卫前提对持球者施压时，其余的后防线球员以及弱侧的中场球员如何重新选择防守区域的移动就是重中之重了。

从起始防守位置开始，移动可以被分为纵向移动和横向移动。强侧的防守移动是指在离球更近一侧的队员根据球权的发展而做出的位置改变，而弱侧的防守移动则需要根据强侧所发生的防守状况来做出选择。向前的纵向移动可以发生在进攻方将球回传，或者持球者无法转身向前传递球权时的情况，也就是所谓的闭合进攻状态；向后的纵向移动会在对手持球向前，或者持球者可以用传球威胁到防守身后的开放状态下发生。

毋庸置疑，足球可以比人移动得快，正因如此，防守移动的速度可以体现于两个因素：一是球员本身无球移动的速度；二是根据球场上不同情况而预判的速度。对于一支球队来说，与进攻时一样，防守者对于场上情况的理解以及无球跑动的质量都是决定性的。

 防守移动：
 球员个体或者单位根据预设的球队战术从起始的防守选位移动至新的防守位置。

深度逼抢

深度逼抢意味着等待对手进入特定区域，然后创造出局部的防守人数优势并对持球者发起攻击。一对一的盯防、相互之间的协防以及夹防是这种战术中的 3 个重要技术点。

■ 一对一盯防

一对一的盯防包括了对持球者和无球进攻队员的控制。盯防无球进攻方时，防守队员需要选择一个既可以看到球的发展又可以观察到自身盯防对象的位置。这样的选择可以防止盯防对象在防线身后接球，并给予防守者能够预判拦截传球的选项。盯防位置选择也存在着机会成本，更近的盯防位置可以让防守队员在球接近盯防者时更快做出干扰，或者可能形成直接拦截抢断。但是，近距离的站位也让进攻方可以获得防守者身后接球的空间。

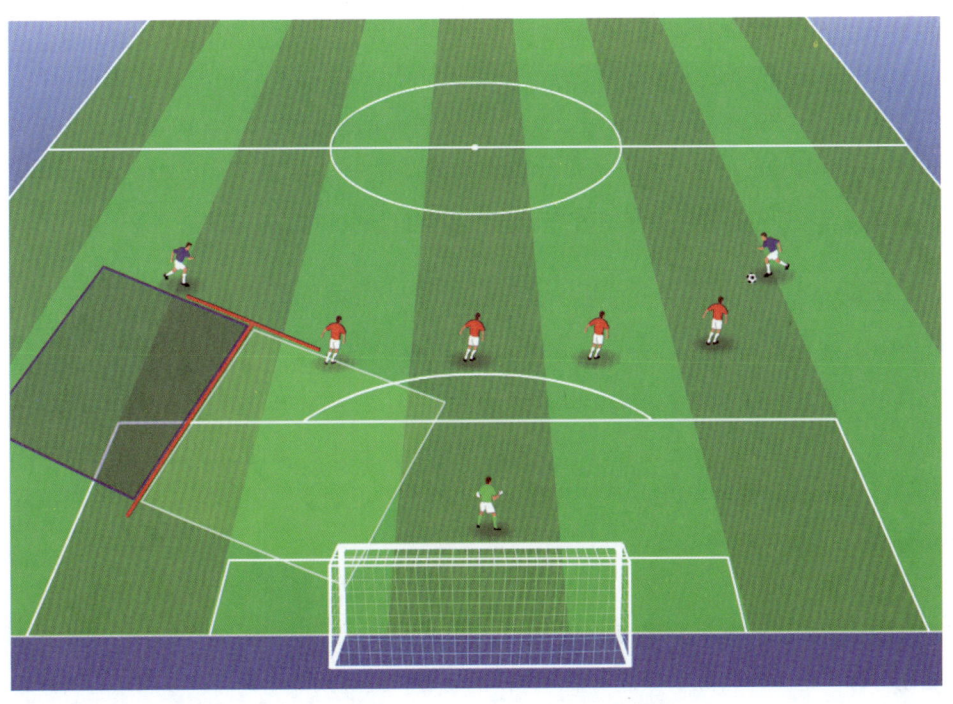

• T 字选位 •

以弱侧左边后卫的盯防选位作为一个 T 字选位的案例。当进攻方在防区右侧向内推进，持球者可以向防线身后传球时，左边后卫需要选择一个合适的距离让自己在对手拿球时能够及时进行干扰。如果将攻守两人作为等边三角形的底角点，那 T 字竖线右侧的任何一点都距离内线的防守队员更近。白框阴影部分显示的这个区域，正是防守方拒绝让进攻队员拿球的区域。如果身后球传入了蓝框区域，虽然离攻方距离更近，但是却远离了球门。需要补充的是，防守队员不仅需要根据盯防者选择站位，同时也要保持好和后防线队友的相对距离。

在盯防持球进攻方时，防守队员的选择可以分成3个类型：

（1）延缓持球者的进攻。

（2）限制持球者特定的技术动作。

（3）实施对球权的直接抢夺。

"延缓持球者的进攻"可以出现在本方防守阵型没有达到完全理想状态时，防守队员通过保持在有效的防守位置去延缓进攻方的出球选择。"限制持球者特定的技术动作"意味着防守球员有目的性地限制进攻方最有威胁的选择。例如，当左边后卫在面对罗本时都会尽可能地防止其内切左脚射门；当进攻方禁区里出现费莱尼这样的球员时，边路防守者更多地会选择让进攻方内切而不是轻易传中。这样的防守选择需要根据进攻者的特点来决定，还有一个先决条件就是持球者已经处于拿球转身的情况下。而高强度的直接上抢更多地发生在持球者已经进入了防守方预设的逼抢区域，或者进攻方无法控制好球直接面对球门的情况下。

综上所述，一个防守者在进行一对一盯防时需要根据对手的特点、持球者的身位以及本方防守整体的情况去做出不同选择。在以最快的方式接近进攻者后，防守队员需要确保自身处于有效的防守位置并耐心地等待最佳时机对球发起攻击。

■ 夹防

"夹击防守"是指在局部区域防守方获得了对于持球者的防守人数优势，在避免了一对一的情况下防守方直接对持球者发起攻击。这样的画面时常出现在边线附近或者本方防守的30米区域里。在边线持球的进攻方由于场地的限制，传球方向的预测性会明显提升，所以边后卫以及后腰或者边前卫对于边路持球者经常采取夹击防守。

夹击防守也可以分成两种情况，一是两个或两个以上防守球员都处于更靠近本方球门的位置；二是防守球员分别处在相较于足球门侧和非门侧的位置。第一种情况意味着防守球员把持球者限制在远离本方球门的区域，在最大限度确保进攻方无法向进攻方向传球的情况下，一起正面对球发起攻击。这个方式的弊端在于无法很好地控制持球者的回传或者回带路线。第二种情况更多地出现在进攻方持球者处于防守两线之间的时候，这时防守两线收紧并进行前后夹击。例如，进攻方前腰在防守后卫线和中场线地方接球时，防守后腰回收伴随着中后卫的前提逼抢。与之相反，防守方在这样的画面里能够对持球者进行前后控制；但是在突破距离防守球门更近一侧的防守者后，所有夹防球员都会被置于无效防守位置。

夹防：
在局部区域防守方获得了对于持球者的防守人数优势后，防守方直接对持球者发起攻击。

■ 协防

"协防"是每个防守队员的基本职责，借助队员相互之间的距离保持对潜在威胁区域的保护。协防者在担负着自身盯防者的同时，需要选择一个位置去保护正在面对持球或者非持球进攻者的队友。所以防守方需要随时准备着对任何一点被突破后作出反应。

• **T字协防选位** •

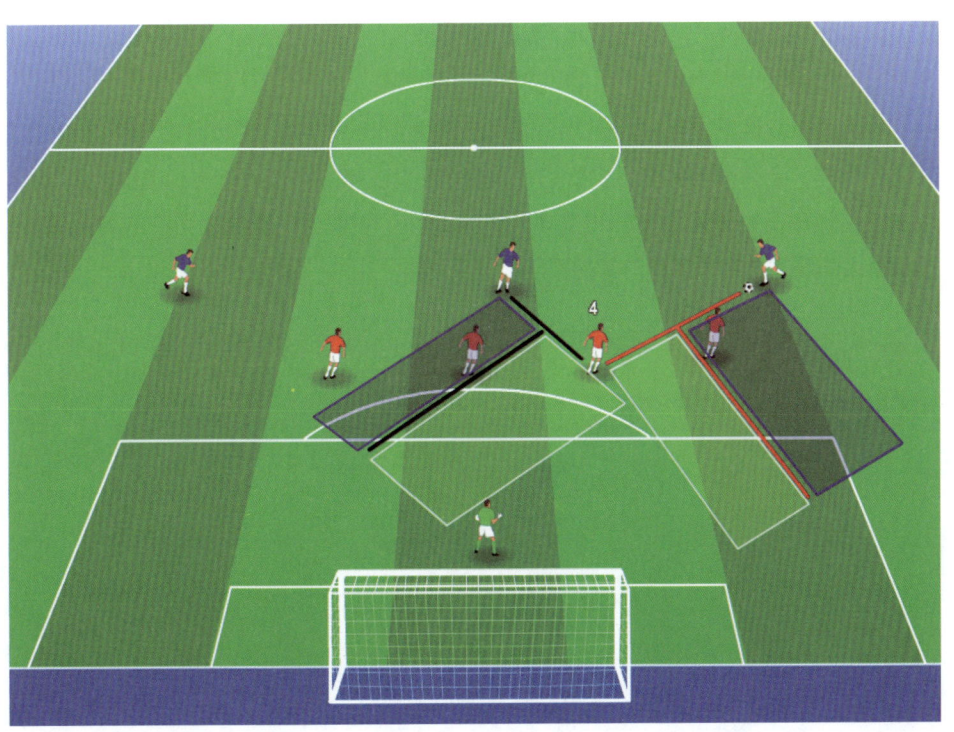

这个防守画面里，右中卫（红色 4 号）的防守协防位置可以根据 T 字原则来选择。在右边后卫一对一面对进攻方边锋时，右中卫需要站在一个假设本方边后卫被突破后，自身处在比持球者距离危险区域更近的位置。白框阴影面积显示了内线区域，也是右中卫相较于持球进攻方边锋更有距离优势的区域。与此同时，右中卫还要考量到对方中锋潜在的接球区域，黑色 T 字形显示了对方中锋和防守右中卫相互之间的距离关系。无论是对于持球者还是接球者，此时的右中卫都占据着对于危险区域覆盖的距离优势。后卫协防位置选择的意义就是能够在不同情况下都能对最危险区域进行保护。

协防：
防守队员借助相互之间的距离，协助防守保护潜在的威胁区域。

遵循区域分配原则，在深度防守中，我们可以将结构分为三个部分：中路防守；边路防守；禁区内防守。

中路防守

中路的重要性不言而喻，因为在这块区域里面对球门时，进攻者由于角度和传球距离的优势，会有最多的选择。我们在看任何一场比赛的平均防守热点图时，这块区域往往是被球员防守行为覆盖得最多的地方。为了覆盖这一整块大面积的黄金区域，球队整体阵型的严密程度就非常重要了。

防守的优先顺序：
球门 – 身后空间 – 身前空间。

4-4-1-1 整体阵型

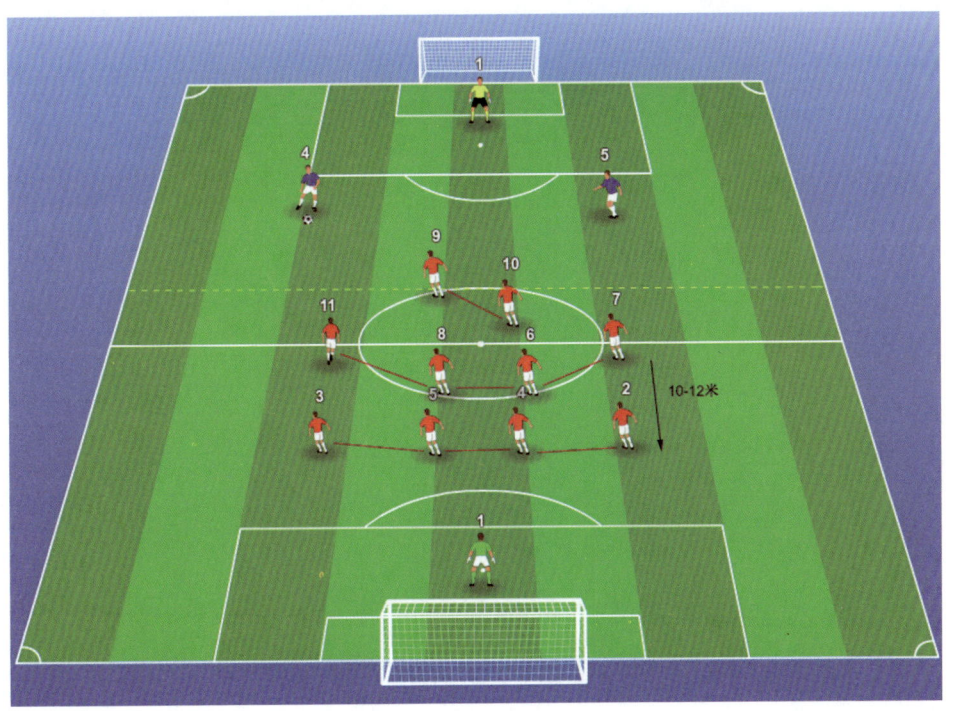

4-4-1-1 深度防守阵型是一个很平衡的选择，以 4 人为单位的快速横向移动，使得中场和后卫两条线可以对中路区域进行保护。相比于 4-5-1 或者 4-1-4-1 防守阵型，虽然在宽度的覆盖上 4-4-1-1 阵型的中场线需要横移更多，但是前锋和前腰（红色 9 号、10 号）球员一前一后的选位也可以在对方的中后场，在适当时候对两个中卫和拖后后腰形成干扰，不至于让对手太轻松地在深度区域面对一个前锋然后舒服地出球。最重要的是，4-2-3-1 阵型体系转换成 4-4-1-1 的深度防守阵型很便捷，只需要让两个边前卫适当地回落。

这幅图显示当进攻方中后场持球时，很多球队选择深度防守的位置，大多数都是从对方半场的中圈弧开始。最关键的就是保持每个人之间的横向距离和前锋、中场及后卫三条线之间的距离，特别是中场线和后卫线之间的距离大致保持在最远 10~12 米范围，借此保护两线之间的空间。保持纵向距离是为了在球渗透至下一条线时，无效防守位置的球员可以用更短的距离回追夹防或者回到有效防守位置，而保持横向防守距离就牵涉到相互保护的概念了。

4-4-1-1 整体阵型控制对手的传球路线

球场面积决定了防守方只能在指定的局部区域去限制对手，而不是任何一个区域。在保持整体阵型的紧密度后，现在的防守面积集中在了球场纵向中部的区域，每个防守队员都有清晰的职责去看防进攻已经持球或者即将接球的队员。当进攻方中后卫拿球时，原则上在中路的画圈区域内不允许对手轻易地拿球转身，而留给对手空间更多的是向两边外围的 U 字形路线。当 9 号防守前锋去切线对手持球中后卫时，左边前卫 11 号的路线首先是防止对手的边前卫接球，而不是直接施压对手的右边后卫，中路对手前腰则有强侧防守后腰看防，防止对手的中路渗透球。然后利用阵型间较短的距离在对手找到空间时，做到每个局部的夹防，这就是深度防守的主旨了。

需要做到这点不仅仅是保持互相之间的距离，还会牵扯到两个概念，那就是防守阴影和互相之间的保护。

防守阴影最小化

这里取局部右侧中卫接球时的画面来解释防守阴影,当防守方 9 号前锋用一个直线跑动的方式去逼抢对手时,对手会有 3 个向前的短传渗透的有效选择(蓝色 6 号、10 号和 2 号)。我们时常说球永远会比人跑得快,所以在这个画面里前锋的逼抢最小化了自己的防守阴影。

防守阴影合理运用

当前锋和左边前卫（红色9号、11号）清楚了身后球员位置的时候，就可以把持球者比作一个手电筒，他的传球路线就好比光源的射线。上图中的防守选位在大多数情况下可以阻挡持球者向右边前卫7号和拖后中场6号的传球线路。在这样的前提下，对方边后卫在下一个画面里拿球的可能性就很高了，这就是防守对于进攻的控制。我们用手电筒比喻了持球对手的传球角度，所以当阻挡物离光源越近，阻挡的角度和范围就越大，这在无形中体现出逼抢时上前速度的重要性。对手的第一脚触球的质量、方向、进攻方队友接球位置都需要在一瞬间被纳入防守球员的思考范围，诚如中场大师哈维所说的"足球是关乎时间和空间的运动"。

当然，在遇到天赋异禀的球员时，上前逼抢还是有一定风险的，因为持球者可以利用挑球的抛物线去化解防守阴影。这就需要之前提起的保持整体阵型了，毕竟挑传的球速和落点都更加难以把控，在面对紧密阵型时，防守方有很大概率去获得断球机会。

两线之间：前锋线和中场线

深度防守阵型的第一个两线之间空间存在于前锋线和中场线，对手的后腰或者前腰（蓝色10号）回撤到这里接球时，首先处于有效防守位置的队员一定要以最快时间接近施压以防止其转身；其次，所有在球附近的无效防守位置球员也要在第一时间内快速回防或者创造夹防。在这里，防守方在球附近的左边前卫11号和前锋9号需要以最快的速度帮助到盯防的8号后腰。而在离球稍远的其他球员也需要快速地移动，在有队友前提盯防的情况下向球侧收拢，以保持整体紧密度和平衡。

全攻全守的足球理念在现代足球战术里已经不是荷兰队的特权了，所有球队都以11个人的共同职责去设计任何防守与进攻主题，而不是局部球员的任务。职业教练在设计一个训练画面时，时常都会遵循这样一个顺序：持球（进攻主题）或者对持球者直接干扰（防守主题）的球员——在球附近的球员——相对远离球的球员，没有任何一个人可以在任何一个画面里脱离体系。

职业教练在设计一个训练画面时，时常都会遵循这样一个顺序：持球或者对持球者直接干扰的球员——在球附近的球员——相对远离球的球员。

两线之间：中场线和后卫线

当对手在利用渗透球找到防守方中场和后防线之间的空间时，那就需要更强的防守紧迫感了。当进攻方边前卫 7 号在后防线身前与中场线身后接球时，意味着在这一瞬间有效的外场防守队员可能只有 4 人，对方已经到达可以创造最后一传甚至直接射门的时候，防守的警报就必须拉响。

防守时一直存在着机会成本的概念，球场面积之大导致防守方不可能限制每一个进攻队员，而遵循防守的原则去选择，就是最有难度的一个部分了。在这样的情况下，强侧防守后腰 8 号在看到这条线路后必须放弃对进攻 10 号的盯防，而去对当前处于更危险位置的接球者实施干扰。这也就是中场防守球员和后卫线防守球员最大的不同之一，前者需要更清楚前后两侧进攻队员的位置和传球路线，从而起到过滤网的作用，过滤掉一切渗透球的线路或者为后防线提供帮助。

这个战术也能按照防守有限顺序去理解，原则上身后空间优先于身前空间，所有防守方球员需要对球施压和回夹，但是在特殊情况下如果后腰来不及回防干扰对手拿球转身，中后卫就需要离开自己的防守位置去帮忙盯防了。黄色虚线显示了当中后卫上前时，后腰球员回撤去填补后防线的空间。

■ 防守渗透球

渗透是最重要的进攻原则之一。在深度防守上，阻止对方渗透成了主要课题。上一节提到了两种在两线之间空间上进攻方持球的威胁度，毫无疑问的是，后卫线与中场线之间的空档才是真正的黄金区域。很多教练习惯把球场分成 18 个区域，进攻方向的葫芦顶区域 14 区——进攻队员拿球转身就可以处于有效射门位置和输送最后一传的地方。

深度防守：防守渗透球

当进攻方把球传向一侧时，整个中场都需要随球移动。由4人组成的中场防守线互相之间的横向距离非常重要，紧凑的中场线可以防止对方找到进攻方10号或者9号的渗透球。从移动后的位置可以看出，弱侧的边前卫（红色7号）基本和弱侧的门柱保持在一条直线上，以此保证横向上限制对方渗透球。中场4位球员在这一次简单的移动中都扮演着不同的角色，遵循着"逼抢—协防—保护—平衡"的4人原则。当边前卫影响球时，8号的靠近不仅可以限制持球者向中路的传球线路，也可以在第一层防守被突破或者球传向进攻方左边前卫时，及时在边路形成3v2的防守人数优势。而另一个后腰6号的内收则是直接限制对方前锋的接球，弱侧边前卫7号的内收可以保证球队在中路的人数优势，并且处在一个如果对方长传转移到弱侧时，可以直接影响潜在接球者的位置。

在这个情况中，后卫线也必须同时跟着中场线的前提而斜向移动，保持相互之间的距离。

深度防守：后卫线的回落

在进攻方持球者拿球面对进攻方向时，有两个条件决定了防守方整体防线的后撤。第一个条件是没有防守队员对持球者进行干扰并让其获得了长传的空间；第二个条件则是进攻方有无球跑动队员威胁着防守方身后空间。同时，后撤的方向完全取决于拿球者的身位、视线以及接球者的第一脚停球方向和观察路线等诸如这些所谓的线索。

在防守的时候，后防线 4 人在比赛的大多数时间里都是侧身选位以便于前后移动，在对手有任何一次机会探索身后空间时，都应该提前选择有利于防守对方前插的位置。

深度防守：后卫线的前提

相似的图片，唯一不同在于当对方持球者（蓝色 5 号）向前推进的时候，已经受到了防守方球员（红色 10 号）的干扰。这个时候进攻方很难在两个人的近距离逼抢下获得长传的机会，于是整条防线就可以向前移动，保持和中场线的距离并减少总体防守面积。

值得一提的是，门将在这两幅图片中的站位都是比较靠外的，因为就算对手可以长传也不会在后场就直接威胁到球门。但是如果对手在前场获得空间，门将就必须适当地往回撤防止对手的吊射，并在对手被施压时前压，再次保护后防线身后空间。比赛中无论球有没有到身后，后防线和门将都必须有足够的弹性，不停地根据球的运动前提或回落。

在一些早期的防守战术中，不是所有教练都提倡防线前提，因为如果在前提的过程中出现失误，那么防守队员需要一个转身去回追布防并失去原先的正面防守位置。但是从上面的阴影面积中，可以清楚地看到，因为越位规则的存在，防线前提可以减少整支球队的总防守面积。如果我们假设足球场的宽度是 60 米，那么每当防线向前 1 米，所减少的防守面积就是 60 平方米——减少空间正是防守的一大原则之一。

在这一点上，意大利国家队就执行得非常完美。那条由基耶利尼和巴尔扎利铸成的钢铁防线总能在最适合的时候选择向前或者向后，这需要球员强大的比赛阅读能力和预判。无球移动有时也是一种艺术，现场观看比赛才可以更多地完整欣赏这样的画面。

深度防守：越位线的控制

防线上下移动的过程中，越位线一直是一大战术难题。以前4后卫的体系里，教练会安排一个有经验的中卫控制越位线，但在球赛瞬息万变的现在，更多的教练选择强侧的中后卫去控制越位线。原因很简单，球场上更多的时候身前球员决定身后球员的选位，而不是身后球员指挥身前队友。通常情况下，向前踏一步会比向后退一步或者转身向后跑快得多。

如图中所示，当强侧4号中卫选择向前一步时，身后5号和3号防守队员必须跟随向前，同时保持对进攻7号与9号的观察。特别是弱侧边后卫需要在向前移动的时候，打开身位清楚地了解到处于防守盲侧进攻方7号的位置。

深度防守：越位线的控制误区

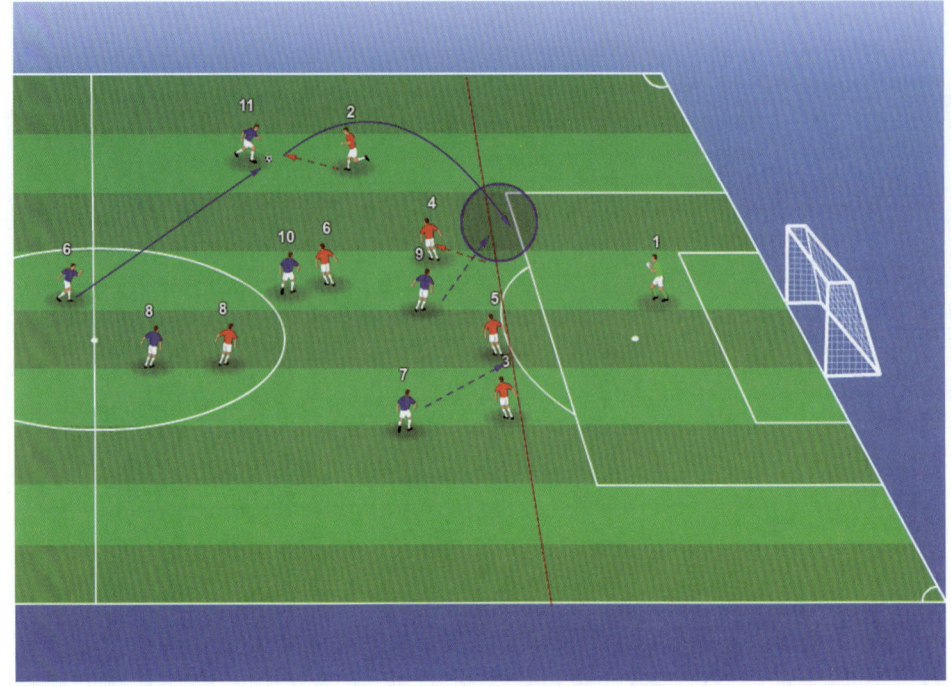

这里我们显示出一个以弱侧中后卫来控制越位线所造成的后方困扰。在这个图片里，弱侧中后卫由于顾及对方弱侧边前卫的跑位而去选择保护身后空间。必须强调一点，在球运行过程中，强侧中卫在跟随右边后卫上压时是很难清楚身后情况的，因为这处于他的盲侧。一个失误将导致后防线的不统一而让对手获得直接面对门将的机会。

每一种战术都会有弊端，在训练中很多教练依旧习惯于使用弱侧中卫去指挥防线的规则，而且也打造出了牢固的防守，所以最正确的是找到球队适合的战术。只是两个中卫相互之间的默契与沟通一定要保持在很高水准上，当然还有门将和边后卫的呼应。

边路防守

边路对于进攻来说意味着宽度,而对于防守来说是一种控制对手的机会。首先在边路对手不太可能获得直接射门的机会,其次如果防守方能够在强侧的边路限制对手转移,就能够减小整体的防守面积,就像之前提到的创造强侧的高位逼抢概念。

● 边路防守:边后卫和边前卫的职责对换 ●

边路防守中最关键的两个人无疑是边前卫和边后卫,他们防守进攻方边路队员的任务很重要。现代足球的边前卫更多地内收,通常会困扰边后卫和边前卫的防守职责,于是越来越多的边后卫与边前卫在盯人上有了职责对换。

如图,进攻右边前卫(蓝色7号)内收,为持球者提供了传球路线,而边后卫(红色3号)如果跟随内收会导致边路空间被进攻方边后卫(蓝色3号)利用。所以现在的防守边前卫往往处于一个靠近中路的位置,第一任务是阻止对手边前卫的接球路线;同时,在对手边前卫拿球时能够第一时间回防施加压力,去尝试与后腰形成局部对进攻右边前卫的2v1。这个时候强侧防守边后卫要时刻注意前插的攻方边后卫,也要在对方边前卫转身突破夹防向前时能有直接上前干扰的机会,因为中路较边路防守优先。防守永远是悲观大于乐观。

深度防守：边前卫和边后卫边路 2v2 分配

相似的情况，如果对手 2 号边后卫回传后，让中后卫找到强侧进攻边前卫 7 号时，防守方边前卫（红色 11 号）的位置很难在短时间里内收，这时防守边后卫（红色 3 号）需要跟随对方进攻右边前卫（蓝色 7 号）到中场，防止其拿球后轻易转身。这时边路的 2v2 就需要边前卫紧紧地跟住上前的边后卫了，甚至有些时候防守方边前卫会出现在比防守边后卫更深的位置，因为在这一个防守换位里不存在 2 防 2 的交换防守职责。

值得注意的是，因为在这一画面里右边后卫离开了 4 后卫体系，所以其他 3 个后卫必须互相保持紧密距离，向强侧靠近去形成一个暂时的 3 后卫体系。

深度防守：中场回撤边后卫外扩

同样是左边前卫处于无效防守位置的情况，如果对手的边后卫有着很强的助攻能力，或者教练的特殊战术设置，防守方边后卫（红色3号）也可以第一时间上前施压。这个情况下，强侧的防守后腰（红色8号）一定要第一时间看防对手的接球边前卫（蓝色7号），整条后防线也需要向强侧靠拢；同时因为左边后卫的位置很靠上，后防线变成3人组合后，在进攻方转移到弱侧时，在宽度的覆盖上可能出现短板，所以弱侧的边前卫在需要的时候甚至要收到原先右边后卫的位置。

黄色虚线体现出了在很多时候后腰无法第一时间到位时，强侧防守中后卫（红色5号）也可以上抢，在瞬时与后腰（红色8号）做一个换位。

这个战术看起来会让阵型失去平衡，但却是很现实的一个画面。穆里尼奥时期的皇家马德里队，后腰阿隆索就时常把起始位置选择在很靠近对手右边前卫的位置，而马塞洛又是一个上抢型的边后卫。在中后卫前压和后腰换位时，拉莫斯天衣无缝地与阿隆索默契换位。这个战术设计最重要的原因当然是皇家马德里队当时的左边前卫是C罗，所以主教练给他的防守职责是很有限的，以便于在进攻时最大限度地发挥他无懈可击的能力。

禁区防守

禁区内的防守对于无球方来说是最为重要的，因为这是发生进球概率最高的地方。除了遵循防守的优先顺序之依次保护球门、保护身后空间和身前空间，防守方也必须根据进球概率来选择区域的优先性。

• **禁区防守区域划分** •

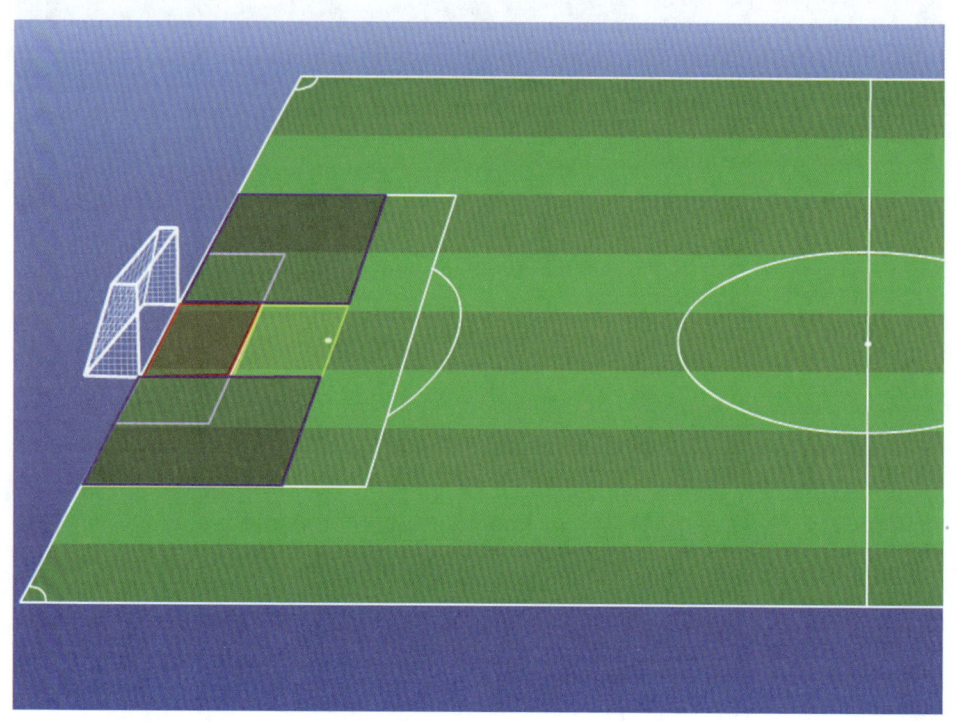

小禁区线和两根立柱形成的第一块红框区域就是进球概率最高的地方，因为角度和距离的关系，这也许是进攻球员最想把球传递到的位置。然后就是黄框区域，依旧是两根立柱的延长线，但是距离是点球点到小禁区这个范围。在 2000-2015 年的五大联赛进球区域里，超过 90% 的进球发生在红黄两块区域。因为角度问题，虽然蓝色区域也在离球门很近的地方，但是相对来说威胁就小了很多。通常门将原则上站在自身、球门中点和球三点一线的位置，那射门者的可选角度是很小的。根据这个逻辑，防守者就可以来选择防守位置和优先顺序了。

● 深度防守：禁区防守 ●

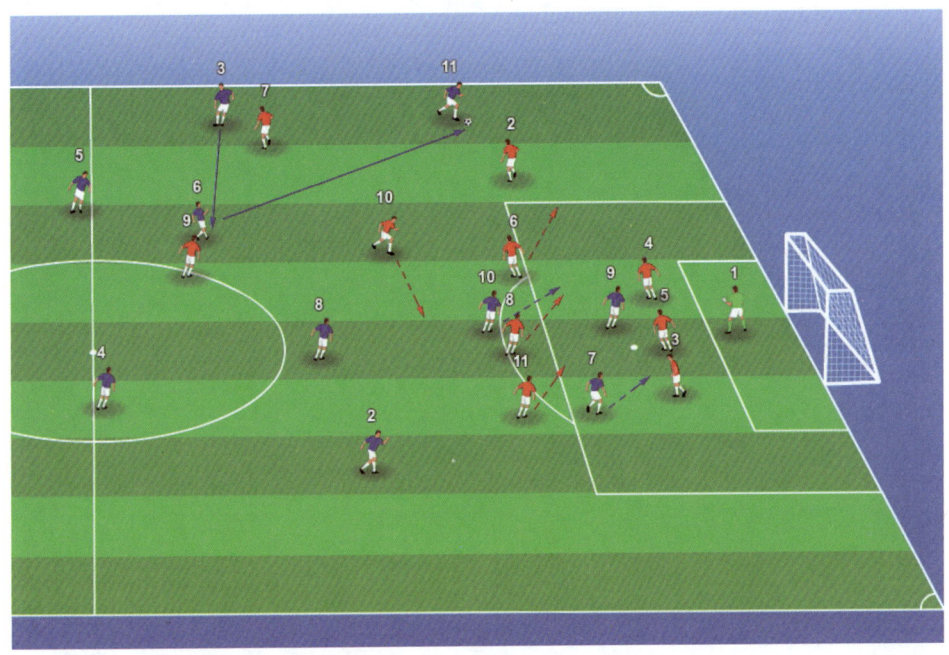

当进攻方右边前卫得到球权并有传中机会的时候，禁区里的盯防就非常重要了。首先禁区里的防守方都会选择一个相对自身盯防的队员更靠近球门的位置。进攻已经到了深度区域，从人数比较来看，防守方面对传中时很难每一次在禁区里形成人数优势，特别是在面对 45 度角传中球时。即便如此，任何战术体系也不可接受禁区内以少防多。

在画面中，防守方 4 号中后卫的选位是站在门柱延长线的前点地方，也就是之前所提到的红框区域；第二个中后卫（红色 5 号）盯防的是前插的进攻 9 号，同样他的选位也在红框区域内。在现代足球战术中，每当传中发生时，越来越多的教练要求弱侧的进攻边前卫处于禁区里后门柱的位置，所以防守边后卫 2 号选择了内收并盯防对方边前卫的前插。作为弱侧的防守队员，鉴于进攻者从盲侧切入，防守队员需要打开身位做到既可以观察到球又可以看到跑动队员。需要做到这一点，就必须提早退到合适的深度，因为回追时的身位很难让防守队员同时观察到球和人。

强侧后腰 6 号在防守的时候，必须根据第一中后卫的选位来决定自己的任务。这一次中后卫选择站在红框区域内，所以左边后卫和中后卫之间的所有空间都需要强侧后腰来填补并创造协防。而 8 号和弱侧边前卫 7 号则需要内收保护 14 区，在大禁区葫芦顶这块区域防守二点球。当然在时间充裕或者进攻方传中被延缓的情况下，8 号也应该取道禁区，在离球门更近的地方去协助传中球时的防守，并阻止对方前腰的前插争点。

深度防守：禁区防守后腰与中后卫互换职责

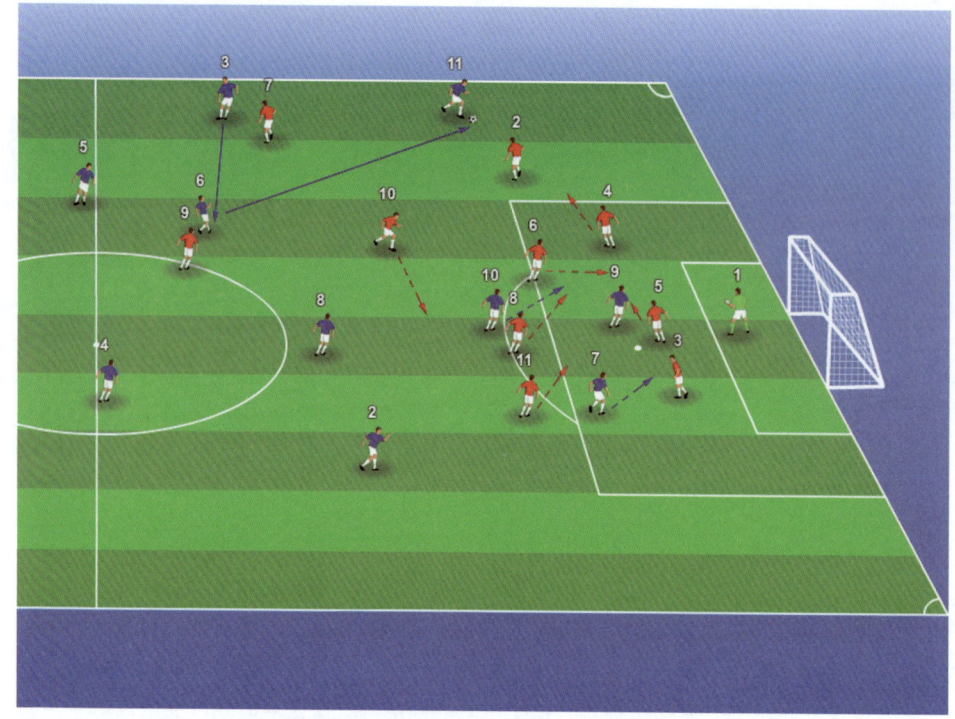

相似的图片，但这一次强侧中后卫（红色4号）选择了在右边后卫（红色2号）的身后空间并创造协防，由强侧的后腰（红色6号）来保护两个中后卫之间的空间。

这时弱侧中卫就不能轻易地站在抢点前锋身后位置了，而需要紧紧贴住进攻9号。图中可以看到，由于后腰往往需要随着球的发展移动，所以需要更久的时间回退到红框区域，这也是更多教练希望由后腰来填补肋部空间而不是中后卫离开禁区红框防守区域的原因。另一个重要原因是，通常在一支球队中防空能力最强的就是两个中后卫，所以在禁区里防守时，从逻辑上说，这两位球员就应该出现在进球概率最高的地方。

解球
你所看到的 90 分钟

训练与
战术的结合

战术在比赛中体现，而其背后却是每天的训练。麦斯－戴维森曾经是上海上港俱乐部的一线队分析师和青训顾问，是对我执教生涯影响很深的一位教练。在与他共事的两年里，球队会视频记录并分析每一节训练课。诚如这位丹麦教练所说"一周六天的训练占了超过80%的球员触球时间，只分析那不到20%的比赛是远远不够的。"

周训练计划

日期	训练项目	
周日	比赛日	
周一	恢复性训练/自我调整	
周二	针对比赛日的问题进行反馈训练	比赛视频分析
周三	按照主教练足球哲学选择阶段性训练	
周四	进攻三阶段选择性训练 （包括由攻转守特殊安排）	
周五	防守三阶段选择性训练 （包括由守转攻特殊安排）	
周六	赛前战术训练和定位球布置	对手视频分析

上图显示了一支职业球队通常情况下一周的训练安排的案例。在比赛日过后，周一的训练会更多地选择自我恢复或者到泳池、康复室。这是球员重点修复的时间段，营养师和体能教练会针对个体的需要安排不同的内容。球员在超过了有氧运动强度后，体内的葡萄糖代谢会产生一种中间物——乳酸，需将乳酸从身体排出，当然也不能忽视心理疲劳。通常在不去足球场时，分析师会提供球员在比赛中的个体表现记录，教练组则会准备赛后的比赛分析视频，让球员学习。

周二的训练通常会是对上一场比赛的录像分析，并结合重点阶段安排这一天训练。例如在周末的比赛里，球队的由后向前在对手的高位逼抢下遇到了很多瓶颈，那主教练通常会把周二的训练设计成一堂战术反馈课，练习和修正比赛中的不足。球员在比赛中犯错，然后教练员指出，再双方一起修正的逻辑顺序如果发生在72小时内，可以帮助球员更好地去理解并解决问题。

周三的训练课会按照主教练所安排的长期训练计划进行。在赛季中期，虽然更多的训练课会结合下一个对手的特点去设计，但是坚持自己的足球哲学以及赛季初定下的主要战术打法也至关重要。通常在一个赛季开始前，教练团队会把自己计划的战术风格与训练结合，并按照一个月度或者季度的方式去设计训练课。"周期性"概念在这里扮演着重要角色。

周四、周五的训练就会以下一个对手的特点作为重点去设计。需要补充的是，分析团队在周一就会把对手的特点交给主教练。进攻和防守训练课的顺序没有特定的安排。例如在下一个对手的过往比赛中，分析团队给出了对手深度防守的阵型是 4-4-2 体系并且左边前卫的回防到位率较差，这样就可以去重点练习本方进攻时右路边后卫插上的幅度以及创造边路 2v1 的局面；或是在分析报告中，我们了解到对手的左中卫是右脚将并且逆足能力不出色，以此推论，我们在下一场比赛的高位逼抢中就要更多地让对手的左侧中后卫拿球并给予较大压力。

周六的训练强度需要提升，达到比赛强度，但是在时间上有所控制。队员踩在草地上的时间不超过 90 分钟是很多教练坚持的赛前做法，借此让球员的肌肉适应比赛节奏并不产生过多心理及生理疲劳。比起前几天的训练，周六的训练需要结合针对对手的所有攻防及转换阶段，并让球员牢记定位球的部署。对手的视频分析也可以在这一天交待给球员，客场比赛时则可以提前一天。值得一提的是，笔者接触的一些欧洲教练通常会准备两次对手视频课，在周三的针对性训练前向球员介绍对手的整体攻防思路，在比赛日当天出发前再强调并播放对手的定位球视频。

战术周期性

周期性概念更多地出现在体能计划中，球员场上的表现以及战术执行力与强壮的腿是密不可分的。如何在赛季中避免伤病以及调整比赛日的最佳状态也都是训练计划中要去考量的。周期性可以体现在训练强度的分配上，比较主流的做法是在赛前 72 小时安排一次高强度的训练课，然后给予球员足够的时间去恢复并在比赛时再次达到最佳状态。微周期体现在一周的训练计划中，时间跨度更大的月周期性以及季周期性都需要教练团队去做一个深度考量。所以在每一节训练课的设计前，不光要想到战术还要考虑到其强度的适配程度。成功球队的背后一定存在着一个默默付出的体能教练或者团队。

莱斯特城足球俱乐部在 2016-2017 年赛季上演的英超神话有着足球体能界的很多故事。往往在赛前一天的训练课上，体能团队不会要求队员做长距离的冲刺，而那一个赛季的英超比赛日前，莱斯特城队队员几乎每次都被要求做几组 20~30 米的冲刺练习。有趣的是根据数据显示，莱斯特城队球员的拉伤概率比起之前有了明显的下滑。虽然我们无法知道这支球队训练安排的每一个变量，但是却得到很多启发，或许这就是造就瓦尔迪、德林克沃特以及众多狐狸城队球员钢铁身躯的重要原因之一。

除此之外，周期性也可以体现在战术的适应性上。人类大脑在接受新事物以及改变旧思路的过程中，也会形成一个周期性。在欧洲有很多教练推崇所谓的"战术周期性"，指的就是在训练计划的设定中，用一个固定的循环去使得球员能够接受并掌握战术要领。其中的代表人物就是穆里尼奥了，狂人曾经说过"战术就是团体运动的真谛所在，我需要我的球员把战术放到自己的潜意识里。"

　　足球场上战术不仅仅体现在什么阵型或在那一个区域上重点攻击，根据教练的足球哲学在高强度的比赛中做出对应的选择。优秀的教练往往能通过训练把一些思路深入到球员的潜意识里，从孔蒂意大利式防守到"萨利球"的切尔西队就验证了这一点。据说在孔蒂带领切尔西队夺冠的那个赛季，每一周的训练课都会有 30 分钟的无球防守移动练习，三个助理教练站在球场的三个区域，球员根据持球者的假设位置做出前提回落以及横向移动。这种有些军事化的管理训练模式，确实在场上让人看到了这支蓝军防守的紧密程度。

　　"战术周期性"的几个关键点可以体现在以下方面。首先是每一堂训练课的特殊性，从训练课初期的有球热身、区域对抗再到最后的 11v11，每一个环节都需要去扣紧一个主题。通常我们会看到一节训练课的主题是传球，但是在什么阶段传球以及事件发生的区域等都需要细化到每一个环节。这样才可以真正地利用训练的特殊性去和比赛相结合。第二是对特定要求的规定，在创造出了合理的环境后，必须清晰地罗列出球员在这些条件下要做的事情。例如，在瓜迪奥拉的 4-3-3 阵型体系里，每当边锋在边线拿球，在边中场，无论在比赛的第几分钟或者什么比分下，前锋以及边后卫必须在短时间内靠近并创造至少两个接球点。背后的逻辑就是边线是最容易被压制并受到逼抢的区域，一定要提供足够的整体支援。所以在 Rondo 抢圈练习、小组对抗和 11v11 任何训练中，只要出现这个画面，这个要求都会被强调。第三点则是重复性，教练的训练模式可以不断地进行创新与改变，但是背后所遵循的原则在一个周期里必须保持一致。训练区域大小、覆盖的人数及位置可以改变，但是核心要点需要在每一堂课上重复。将这些因素联系到球员的大脑感知逻辑，即从看到教练的战术并实践，再到删除自己与现阶段战术不匹配的习惯，重复正确的选择直至形成新的习惯，这就是"战术周期性"对于球员的影响顺序。

解球
你所看到的 90 分钟

训练
的结构

一节训练课的结构会随着不同教练的习惯有着不一样的设定，但是主流的结构基本分成以下几个部分：

（1）热身以及准备。

（2）技术性无对抗训练。

（3）设计战术主题的小范围对抗。

（4）带有进攻方向的对抗。

（5）身体恢复。

"热身以及准备"是让队员踏上草皮后做好生理、心理准备去面对训练课的过程。生理准备是让其身体温度提高 1~2 ℃并且活动开相关的肌肉以及关节，这可以是无球的奔跑变向或者是力量训练，也可以是练习用身体各种部位去触球。这个阶段不会涉及关于比赛的计划以及特殊战术安排。值得一提的是，无论是青训还是一线队，这个部分都是非常重要的。在球员未成熟的时候，正确的奔跑或者变向指导对于他们整个职业生涯都是不可或缺的。一线队球员在这个部分也可以在很大程度上达成在密集赛程里保持肌肉的稳定度，以及对比赛节奏的适应。这也是为什么越来越多的球队开始配备体能教练，通过数据检测去设计每一堂训练课的热身准备。

"技术性无对抗训练"更多强调球员执行指定技术的能力，如相关的传球练习。在这个部分球员不需要做太多的战术选择，只要按既定的路线完成对技术的掌控。正因如此，在这里会一一提及相关细节部分，如传球者的支撑脚位置、传向队友的身前或是脚下、接球者如何用靠后的那只脚接球并打开身位、接球者在球到来的过程中在什么时机回头观察、无球跑动队员如何为同伴创造空间等。因为在无对抗的环境下更容易让球员去关注这些细节部分，并用重复的练习去把这些习惯印入自己的潜意识里。当然，在防守传球练习中，练习里可以加入被动的防守者，但更多的是站位置而不是实施对球的直接攻击。

第三部分的"小范围对抗"会与战术设定紧密地联系在一起，球员会在这个部分遇到很多随机情况并需要按照既定的规则去解决。教练需要通过这个部分去告诉球员比赛中他的指定要求。通常，一个练习会特定在比赛某个阶段，如进攻 30 米区域、进攻的由后向前、防守的高位逼抢、攻防转换的瞬间等。从比赛的大图片里截取某一个区域和时间段，设计出相对应的练习。

第四部分则是和第三部分连接在一起，但是所覆盖球员数量以及球场范围被扩大，可以选择 8v8 到 11v11，或者不相等的对抗人数也可以在特定情况下被运用。例如在一节专注于中场推进到前场的练习中，就可以减少防守方前锋数量以便于进攻方后卫的后场推进。与第三部分相比有所不同的是，这里的训练会更多地规定进攻方向，以此来模拟真实比赛场景。

第五部分是必不可少的身体恢复，慢跑、补水、拉伸都是较常规的选择，以助于球员的恢复。

解球
你所看到的 90 分钟

由后向前
主题训练课

热身以及准备

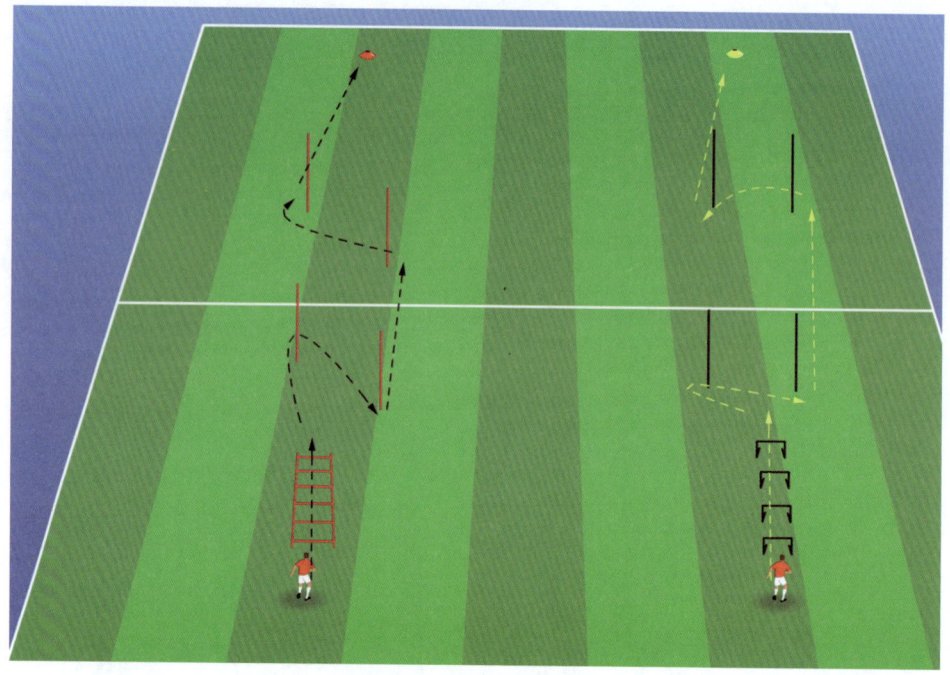

[区域] 在一个 20~30 米的区间设定身体和标志杆，按照球员的年龄以及教练训练课的强度进行排布。需要指出的是，在训练设备和项目不变的情况下，场区的范围往往能够决定训练的强度。当然还有对时间的控制，90 秒的间歇和 60 秒的间歇是天差地别的。这都需要按照训练周期性去严格设计。

[规则] 球员分成两组，按照指定的动作通过绳梯或者障碍物，然后在标志杆区域进行变向及变速训练。

[要点]

（1）跨越障碍物或者通过绳梯时对身体协调的掌控。

（2）身位的保持以及对视野的控制，不能在越过障碍物时全程低头看地面。此处教练可以通过举标志盘，让球员喊出颜色，这是很常见的提高球员观察能力的青训练习方式。

（3）在变速和变向过程里，球员需要在离开标志杆时加速，并在接近时减速。

（4）球员的行进轨迹是否为切线而不是弧线（距离更远），这是足球运动中变向的关键。

（5）在高速奔跑过程中，球员上肢的协调性以及对平衡性的把握。

（6）双足和地面的接触面积，避免脚后跟在变向中过多触地的情况。

由后向前传球练习

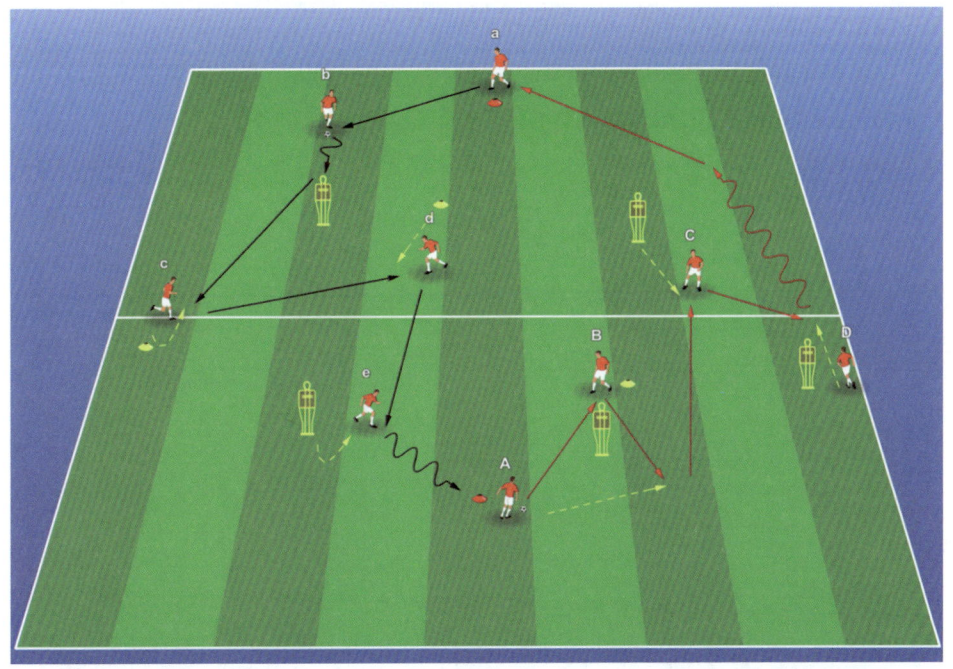

　　这个设定的传球练习与比赛中的画面很相似，起始点就是比赛中接到球的中后卫（b 与 A），c 和 D 球员则处在边后卫的位置，d 和 B 球员就是回撤后腰。归纳比赛中的路线并设计出相应的传球练习，可以更好地帮助球员理解和解决问题。比起常规的直线传球或者无目的性的传球练习，这样的训练更加符合战术周期性概念。同时在这个循环当中，每个球员都需要去体验不同位置的传球职责以及接球触球的位置，借此来提升他们对整体战术的理解。

　　[区域]　设定传球练习区域需要与球员处理球能力以及体能训练要求相匹配。在复杂的传球练习中，空间可以决定训练的困难程度。这一切都是可变选项，教练根据球员的能力以及要求去设计。

　　[规则]　从 a 到 e 球员为第一个半循环，A 到 a 则完成一整个循环。按照教练所设定的传球路线，球员需要完成每一站的传球，并在完成后进入下一个位置。

　　[要点]

　　（1）球员接球第一脚触球时，如何在对应位置上用后脚触球来面对进攻方向。如 D 球员在接球时能否右脚触球向前行进。

　　（2）接球前的无球跑动，如图中黄色的虚线所示。球员需要利用无球移动来创造处理球的空间；如 e 和 C 球员在身后可能有盯防球员时，如何先虚晃前压再回撤创造空间和时间。

（3）传跑的时机，特别是在出现第三人跑位时，无球跑动者如何观察队友的触球情况决定跑动时机，来契合队友的传球点。如球员 A、C、D 之间的第三人传球。

（4）持球者需要在接近对手，又能保证对手无法拦截传球路线的情况下出球，以此来为队友创造出空间；如 b 队员需要带球接近假人后再传球给 c。

4v4+2

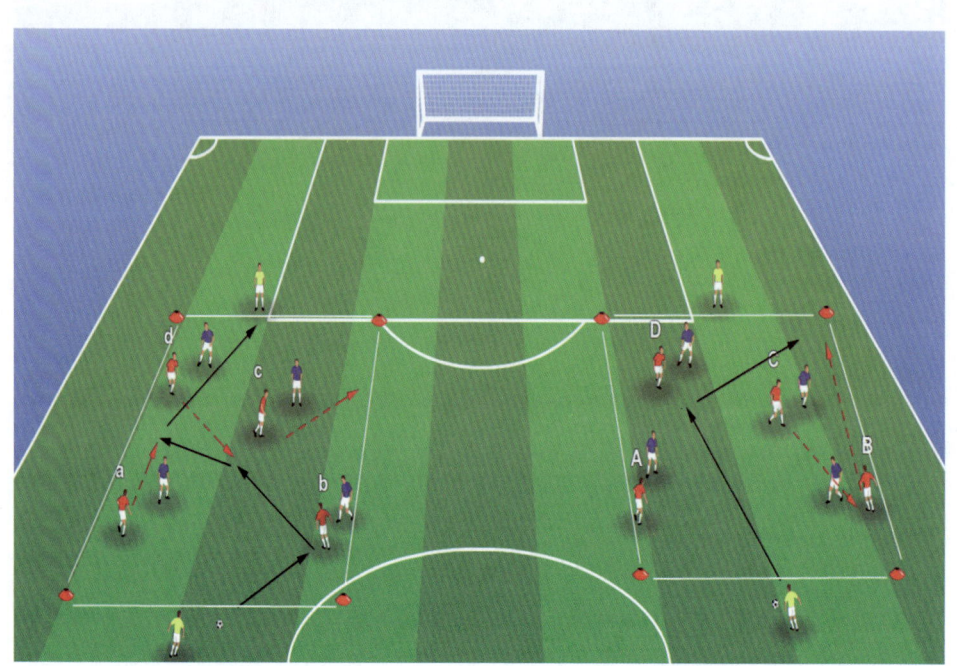

传球练习过后就是小范围对抗了，4v4+2 练习是很经典的训练，教练需要根据一堂课的主题去强调特定的画面。

[区域]　15 米 x25 米的长方形区域，按照球员能力控制练习的面积。

[规则]　分成 4 人小组进行对抗，将球传向两侧处于进攻方向的中立队员则得 1 分。从一侧中立队员处得球后需向另一侧进攻，回传中立球员不得分。防守方抢得球权后，由守转攻过程可以直接传向进攻方向的中立队员并得分。中立球员互相之间不能传球。时间区间在 90~120 秒。

[要点]

（1）在由后向前过程中球员相互之间的位置选择，4 名球员在纵向和横向的位置选择上不重叠。球场上观察不仅限于球和对手，还要清晰地知道队友的位置。如要求球员减少在中立球员面前的深度中路区域接球，因为这样会减少第一出球者的传球角度。2-1-1 阵型增加对手的防守难度，并创造进攻的深度传球选择。

（2）球员相互之间的位置轮换，在确保基本阵型是 2-1-1 的情况下保持无球换位跑动。保持阵型的同时，轮换位置是这一要点的逻辑所在。如图片右侧中，当球员 B 前提创造深度时，C 球员需要回撤保持持球者的两侧接球点；同时 D 球员需要向中路区域移动创造空间。

（3）在选择传球路线时，渗透传球为第一选择。在可以向前寻找得分接球点的情况下，遵循足球向前得分的规则，避免第二深度选择。同理，在接球者可以转身的情况下不要轻易回传。强调球员接球时如何在小范围区域里侧身观察，接球前如何无球移动拉开与防守队员的距离。

这项练习可以通过增加中立球员数量、控制训练范围以及规定球员触球次数来调整训练的难易程度。

由后向前 7+1v6

最后一项练习是最贴近比赛的场景。这里用到了 7+1v6 来强调由门将开始的由后向前战术。假设对手的起始逼抢阵型是 4-4-2 体系，所以这里就用局部的 4+2 来显示防守方的前场以及中场；而相对应的本方由后向前起始阵型为 3-3-3-1 体系，这里在略去前场的三叉戟之后形成 1+3+4 的阵型体系。

[区域] 半场全宽，可以在 30 米区域画一条分割线来控制球员的移动。虽然在比

赛中球场的划线部分不会改变，但是训练里教练可以通过增加区域线来帮助球员理解战术以及控制难易度。例如，在这个练习里，如果防守方的边前卫进场压到前场 30 米区域，会让蓝队阵型变成不均衡的 4-3-3 体系；但周末比赛的对手使用的是 4-4-2 阵型体系，这个时候白色区域就可以限制防守球员，并更好地让后腰 6 号回撤到两个中后卫中间，在区域一形成外场球员 3v2 的局面。

[规则] 球员在 7+1v6 的情况下，通过后场的组织，渗透到中场并尝试将球射入 3 个小球门。蓝队球员可以在训练开始的时候被限制移动区域，如规定只有前锋两人可以进入区域进行防守，在蓝队获得球权后，可以直接向红队球门发起攻击；或者在球出界时，教练把球随机交给蓝队球员进行反击。以此在由后向前进攻主题的一节训练课中，加强由攻转守时段的训练，增强训练和比赛的契合程度。

[要点] 比起此前练习，这里更注重对球员个体选择以及技术动作的要求，虽然也需要重视最后的单位对抗，但此项训练的首要目的还是在整体和局部战术的要求上。

（1）各位置球员在由后向前时的起始站位选择，形成 3-3-3-1 的阵型；对应本书的由后向前起始站位章节。

（2）在由后向前双前锋拿球时，拖后中场如何回撤形成外场球员 3v2，在区域一时刻保持人数优势以及足够的出球选择；对应本书"由后向前 3-3-3-1 起始阵型 vs 4-4-2 阵型寻找拖后中场"。

（3）在对手双前锋距离较为紧密时，如何利用强侧到弱侧的转移形成局部的人数优势；对应本书"由后向前 3-3-3-1 起始阵型 vs 4-4-2 阵型：强弱侧转移"。

由后向前 11v11

几周的训练强化了后场 7 人的战术逻辑以及路线后，教练可以将这一部分发展成 11v11 的 2/3 场区训练，这就体现出了战术周期性的作用。先熟悉局部重点战术单位的主要的出球路线以及战术安排，然后再纳入更多的整体部分，形成一个循序渐进的周期。

　　以上内容是一堂关于由后向前在中路区域渗透的训练课。从传球练习到最后带有进攻方向的多人对抗，每一个部分都紧密地联系在一起。假设这一堂训练课同样是由后向前的主题，但是却注重边路进攻时，传球练习就可以设计为边前卫回撤参与进攻的路线。同时，可以在 4v4+2 的练习中将中间人放在两边，多人对抗的区域划分也可以用纵向线路隔离边路区域。训练的逻辑性在球员了解和掌握战术上非常关键，任何一节防守或者进攻的训练都需要有明确的指向性，强调在球场上什么区域、什么情况下做什么事情。

　　虽然球场上教练只需要负责 90 分钟左右的训练课，但是球场下的工作量往往是非常庞大的，因为每个足球教练都知道，是训练决定了比赛。

后记

　　球员比赛后身体疲劳的同时,思维也是疲劳的。因为足球运动不是只靠身体,无数问题出现到解决的过程需要伴随着球员的每一堂训练课、比赛以及整个职业生涯。足球作为一种综合性运动,其难度,亦是它的魅力所在。

　　重要的是需从千变万化的战术图片中寻找出足球原则。一个教练的足球哲学、一个俱乐部的足球哲学无法通过一句话去完整地表达出来。因为每个人的足球哲学来自他或她对接收信息的整理。世界上并不只有异常依赖长传冲吊的托尼·普利斯和非常不愿意丢失球权的瓜迪奥拉这两个杆标教练。足球战术不是非黑即白,大多数教练处在这两杆标的中间。因为世界上本没有最好的战术,只有最适合让 11 个人的团队在同一时间做同一件事的战术。

　　我认为每一位中国足球教练在什么年龄段或者什么级别带队并不是最重要的,重要的是我们是否能慢慢地参与到足球学术化的进程中,为中国足球的学术化做出贡献。一个中超教练可以研究 4-4-2 对阵 3-5-2 体系里前锋 2v3 对方中后卫的课题,发现 4-4-2 阵型在前场比起 4-5-1 阵型能给 3-5-2 阵型的中卫带来更多麻烦;而一个青训教练可以翻看孩子的比赛录像,发现应该在明天的训练课上讲解从球场左侧内切而且对方在门侧干扰时用右脚带球,以此用身体来保护球。

　　正如白桦先生所说的:"世界上的水都是相通的,条条都是归途。"

　　我们要做好足球,因为我们热爱这项运动。我们要做好"中国足球",因为谁都知道那两个在最前面的字。

寄 · 语

喻凌霄

新英体育 CEO

当时，我们正在为寻找合适的英超解说嘉宾犯愁，有朋友推荐了蔡惠强，我问了一句："多大年纪？"答："20出头。"这个年龄让我心里满是问号。

足球的解说嘉宾，像李元魁、陈熙荣、刘越这些我们长期合作的老朋友们，不仅是自己身经百战又有理论高度，而且更重要的是有很好的表达能力，可以将现场对阵双方展现出来的技战术清晰地解读给球迷，能力、经验、口才缺一不可，还有就是对足球那份溢于言表的热爱。

我勉强答应试试。第一次见到小蔡也只是在电视画面里，帅气而阳光、温文尔雅、侃侃而谈，一股清新之风顿时弥漫整个演播室，尽管有点腼腆，但对技战术分析已经相当老道，和主持人配合的节奏也掌握得很不错。

这一晃，就是三年多，作为上港队的梯队教练，作为国内最年轻的足球解说嘉宾，小蔡奔波在球场与演播室之间，努力而勤奋，出色而谦逊。

真心祝福你，在足球道路上越走越宽。

喻凌霄

2019年4月